MESAJUL
CRUCII

MESAJUL CRUCII

Dr. Jaerock Lee

URIM BOOKS

MESAJUL CRUCII de Dr. Jaerock Lee
Publicat de Editura Urim (Reprezentant: Seongkeon Vin)
235-3, Guro-dong3, Guro-gu, Seul, Coreea de Sud
www.urimbooks.com
Copyright © 2012 by Dr. Jaerock Lee
ISBN: 978-89-7557-525-9
Drept de autor Traducere © 2008 de Dr. Esther K. Chung. Reprodusă cu permisiune.

Publicată anterior în limba coreeană de Urim Books în 2012.

Prima publicare în februarie 2012

Editată de Dr. Geumsun Vin
Prezentare: Biroul Editorial al Urim Books
Pentru mai multe informații, contactați-ne la urimbook@hotmail.com

PREFAŢĂ

Dorind să înţelegeţi inima Domnului Dumnezeu şi planul Său măreţ de iubire aşezaţi un fundament solid la credinţa Dvs.

Mesajul Crucii a condus nenumăraţi oameni spre calea mântuirii din 1986 şi a demonstrat nenumărate fapte ale Duhului Sfânt prin multe cruciade peste mări. În sfârşit, Dumnezeu Tatăl m-a binecuvântat să o public. Dăruiesc toate mulţumirile şi slava Lui!

Multe persoane spun că ele cred în Dumnezeu Creatorul şi cunosc dragostea Fiului Său Isus Hristos, dar nu sunt capabili să predice evanghelia cu convingere. De fapt, doar câţiva Creştini înţeleg inima şi harul Domnului. Mai mult, anumiţi Creştini sunt separaţi de Domnul Dumnezeu pentru că ori nu au primit răspunsuri clare la multele întrebări prezente în Biblie, ori nu au înţeles providenţa tainică a iubirii către Dumnezeu.

De exemplu, ce ai răspunde dacă ţi s-ar pune următoarele trei întrebări: „De ce Domnul Dumnezeu a aşezat pomul cunoştinţei binelui şi răului şi l-a lăsat pe bărbat să mănânce din acel pom?"

„De ce a creat Dumnezeu gheena deşi şi-a sacrificat propriul Său fiu, Fiul Isus Hristos, păcătoşilor?" şi „De ce este Isus *singurul* Mântuitor?"

Nu am fost capabil să înţeleg providenţa adâncă a creaţiei Domnului şi providenţa Sa secretă ascunsă în cruce pe timpul primilor mei ani de viaţă creştină. După ce am fost numit pastor evanghelic, am început să mă întreb, „Cum pot să conduc nenumăraţi oameni spre calea mântuirii şi slăvirii Domnului?" Mi-a devenit limpede că ar trebui să înţeleg toate cuvintele Bibliei inclusiv pasajele dificile de înţeles prin interpretarea Domnului şi să le predic lor peste tot în lume. Posteam cât de des posibil şi mă rugam pentru asta. Şapte ani au trecut înainte ca Domnul să mi se arate.

În 1985, în timp ce mă rugam fervent am fost cuprins de Duhului Sfânt. A început să interpreteze providenţa secretă a Domnului care fusese ţinută ascunsă. Era „Mesajul Crucii". Am predicat-o în fiecare slujbă de duminică dimineaţă timp de 21 de săptămâni. Casetele cu „Mesajul Crucii" au influenţat nenumărate persoane din ţară şi peste hotare. Oriunde era predicat Mesajul Crucii, Duhul Sfânt lucra precum flăcări arzânde. Multe persoane s-au căit de păcatele lor şi au fost vindecate de bolile şi suferinţele lor. Au lăsat la o parte îndoielile despre providenţa Domnului şi au obţinut speranţă adevărată şi viaţă eternă. Până atunci, nu-l cunoscuseră pe Domnul şi nu ştiau precis nici iubirea Sa profundă. Au început să înţeleagă lucrările Domnului, L-au întâlnit, şi au speranţa unei vieţi eterne prin acest mesaj.

Dacă înțelegi limpede de ce Dumnezeu a așezat pomul cunoștinței binelui și răului în Grădina Edenului, vei putea înțelege providența Lui pentru educația umană și-L veți iubi pe Dumnezeu mult mai convins. Mai mult, cunoscându-vă menirea în viață, veți fi capabil să vă luptați împotriva păcatelor până la punctul în care vă veți vărsa sângele, încercând totul pentru a vă asemăna cu inima lui Isus Hristos, și să fiți credincioși Domnului până la moarte.

Mesajul Crucii vă va arăta providența secretă a Domnului Dumnezeu ascunsă în cruce și vă va ajuta să puneți bazele unei adevărate și bune vieți creștine. Prin urmare, oricine citește această carte va fi capabil să înțeleagă iubirea și providența profundă a Domnului, va avea credință adevărată și va construi și va avea o viață creștină ce va fi mulțumitoare în ochii Lui.

Transmit toate mulțumirile mele directorului și angajaților Biroului Editorial care au depus toate eforturile pentru a publica această lucrare. De asemenea transmit mulțumiri Biroului de Traduceri.

Fie ca nenumărate persoane sa înțeleagă providența profundă a Domnului, să întâlnească pe Domnul iubirii și să fie mântuiți ca fiind copiii adevărați ai Domnului – mă rog la toate acestea în numele Domnului Isus Hristos!

Jaerock Lee

ix

INTRODUCERE

Mesajul Crucii reprezintă înţelepciunea şi puterea Domnului, şi un puternic mesaj pe care toţi Creştinii din lume trebuie să-l îmbrăţişeze!

Dăruiesc toate mulţumirile şi slava Dumnezeului Tatăl care m-a îndrumat să public Mesajul Crucii. Atât de mulţi membrii Manmin din întreaga lume au aşteptat cu nerăbdare publicarea ei. Această carte oferă răspunsuri clare la multe întrebări pe care mulţi Creştini şi le-au pus: „Cum era Dumnezeu Creatorul înainte de facere?" „De ce l-a creat Dumnezeu pe om şi l-a lăsat să trăiască pe pământ?" „De ce a plasat Dumnezeu pomul cunoaşterii binelui şi răului în Grădina Edenului?" „De ce Dumnezeu şi-a trimis unicul Său Fiu ca să plătească sacrificiul"? „De ce Dumnezeu plănuieşte providenţa mântuirii prin intermediul unei cruci aspre de lemn"? şi multe alte întrebări.

Această carte conţine mesaje pline de duh predicate de Dr. Jaerock Lee ce vă vor lumina pentru a ştii şi înţelege iubirea profundă, largă şi mare a Domnului.

Capitolul 1, „Dumnezeu, creatorul Bibliei", îl introduce pe

Dumnezeu Dvs şi cum El lucrează printre noi. În acest Capitol veţi găsi dovada existenţei vii a lui Dumnezeu şi cum realizează credinţa Bibliei în lumina istoriei omenirii. Mai mult, dovedeşte teoria falsei evoluţii, iar creaţia lui Dumnezeu adevărată.

Capitolul 2, „Dumnezeu îl creează şi cultivă pe om" atestă că Dumnezeu a creat toate lucrurile din univers şi L-a creat pe om după imaginea Sa. În plus, acest Capitol vă învaţă adevăratul înţeles al vieţii umane şi scopul ridicării fiinţelor umane ca fiind adevăraţii Săi copii spirituali.

Capitolul 3, „Pomul cunoştinţei binelui şi răului" asigură răspunsuri la întrebările fundamentale ale tuturor creştinilor: De ce a plantat Domnul pomul cunoştinţei binelui şi răului? Acest Capitol explică motivul în detaliu şi vă ajută să înţelegeţi iubirea profundă şi providenţa tainică a Domnului care cultivă fiinţele umane pe pământ.

Capitolul 4, „Secretul ascuns înainte ca timpul să fi început" explică relaţia dintre legea răscumpărării pământului şi legea spirituală a mânturii umane (Levitivul 25). De asemenea explică că toţi oamenii trebuie să păşească pe calea morţii din cauza păcatelor lor, însă Domnul a pregătit minunata cale pentru mântuirea lor înainte ca timpul să fi început. În sfârşit, vă învaţă de ce Domnul a ascuns calea de mântuire până la momentul alegerii Sale şi cum Isus este îndreptăţit pentru condiţia legii de răscumpărare a pământului.

Capitolul 5, „De ce este Isus singurul nostru mântuitor?" explică cum planurile Domnului pentru mântuirea omenirii au fost ascunse încă de la începutul timpului, au fost îndeplinite prin Isus, motivul crucificării Sale, binecuvântarea şi drepturile copiilor Domnului, înţelesul numelui „Isus Hristos", motivul pentru care Dumnezeu nu a dat alt nume decât cel de Isus Hristos şi prin care oamenii trebuie să fie mântuiţi, şi asa mai departe. Veţi simţi iubirea incomensurabilă a Domnului dacă veţi înţelege implicarea spirituală a mesajului descris în acest Capitol.

Capitolul 6, „Providenţa crucii" vă luminează cu înţelesurile profunde a suferinţelor lui Isus. De ce Isus s-a născut într-un ţarc cu animale şi pus în iesle dacă El este cu adevărat Fiul lui Dumnezeu? De ce El a fost sărac toată viaţa Sa? De ce a fost biciuit pe tot trupul Său, şi I s-a pus o coroană cu spini, şi I s-au bătut cuie în mâini şi picioare? De ce a suportat suferinţa până la punctul când si-a vărsat sângele şi apa?

Acest Capitol vă oferă răspunsurile exacte la asemenea întrebări şi vă ajută să înţelegeţi implicarea spirituală a suferinţelor Sale. Toate bolile precum şi problemele precum sărăcia, neînţelegerile familiale, dificultăţile în afaceri, şi aşa mai departe, vor fi rezolvate prin înţelegerea şi credinţa Dvs în înţelesurile spirituale ale suferinţelor lui Isus. Acest Capitol vă ajută să cunoaşteţi iubirea profundă a Domnului, să îndepărtaţi orice tip de rău, şi să participaţi la natura divină.

Capitolul 7, „Ultimele şapte cuvinte ale lui Isus pe cruce"

explică implicarea spirituală a ultimelor şapte cuvinte ale lui Isus pe cruce chiar înainte de a muri. Prin ultimele Sale şapte cuvinte pe cruce, Isus şi-a îndeplinit misiunea pe care El o primise de la Tatăl Său Dumnezeu. Acest Capitol accentuează că trebuie să înţelegeţi marea iubire a lui Isus pentru omenire, aşteptând A Doua Sa Venire, şi lupta sa dreaptă până la capăt cu speranţa renaşterii.

Capitolul 8, „Credinţa adevărată şi viaţa veşnică" vă spune că devenim una cu Mirele Isus Hristos doar cu credinţă adevărată. Biblia avertizează pe unii care afirmă că ei cred în Mântuitorul Isus Hristos dar nu pot fi mântuiţi de Ziua Judecăţii. Biblia pune o greutate nu doar pe acceptarea lui Isus Hristos dar şi pe mâncarea trupului Fiului Omului şi bând sângele Său pentru obţinerea mântuirii eterne. Puteţi avea credinţă deplină că vă va conduce pe calea mântuirii atunci când veţi mânca trupul Lui şi veţi bea sângele Lui. Acest Capitol de asemenea vă învaţă natura credinţei adevărate, cum s-o obţineţi, şi ce trebuie să faceţi pentru a obţine mântuirea totală.

Capitolul 9, „Să fii născut din apă şi din Duh", prima dată menţionează dialogul dintre Isus şi Nicodim. Acest schimb încheie Mesajul Crucii. Inima Dvs trebuie reînnoită permanent prin apă şi Duh Sfânt până când Isus Hristos se va întoarce şi Dvs trebuie să vă menţineţi întregul duh, suflet şi trup fără păcat la a Doua Venire a Domnului Isus Hristos, momentul în care Domnul va primi pe minunata Lui mireasă.

Capitolul 10, „Ce este erezia?" studiază amănunţit natura
ereziei şi discută înţelegerea negativă şi falsă pe care mulţi creştini
o au despre ea. Astăzi, multe persoane greşesc sau blamează
lucrările Domnului ca fiind, fie eretice sau întâmplător greşite,
pentru că ei nu cunosc definiţia biblică a ereziei. Acest Capitol vă
avertizează că nu trebuie nici să blamaţi, nici să condamnaţi
lucrările Duhului Sfânt ca fiind eretice şi vă explică cum trebuie
să distingeţi Duhul adevărului de duhul neadevărului, şi despre
anumite confesiuni eretice. În final, acest Capitol accentuează că
trebuie să vă rugaţi permanent şi să trăiţi în adevăr pentru a nu
cădea pradă tentaţiilor duhului neadevărului.

Apostolul Pavel spune despre mesajul crucii, înţelepciunea
Domnului, în Întâia Epistolă către Corinteni 1:18, „*Căci
cuvântul crucii este o nebunie pentru cei care pier, dar pentru
noi, care suntem mântuiţi, este puterea lui Dumnezeu*".
Oricine poate avea credinţă adevărată, să îl întâlnească pe
Dumnezeul viu şi să se bucure de viaţa creştină din plin atunci
când înţelege secretul ascuns în cruce şi realizează providenţa
adâncă a marii iubiri a lui Dumnezeu pentru omenire.

Mesajul Crucii este învăţătura de bază a vieţii Dvs. Ca
urmare, mă voi ruga în numele Domnului pentru ca Dvs să
puneţi temelia unei vieţi creştine şi să ajungeţi să fiţi mântuit şi să
aveţi viaţă eternă.

Geumsun Vin
Director al Biroului Editorial

CONȚINUT

Capitolul 1

DUMNEZEU, CREATORUL BIBLIEI

- Dumnezeu este Creatorul
- Eu sunt cel ce SUNT
- Dumnezeu este omniprezent
- Dumnezeu este autorul Bibliei
- Fiecare Cuvânt din Biblie este adevărat

*La început Dumnezeu a creat
cerurile şi pământul.*

Geneza 1:1

Dumnezeu este Creatorul

Astăzi există nenumărate cărți în lume, dar nicio altă carte decât Biblia nu vă oferă răspunsuri mai clare și detaliate la întrebările despre originea și crearea universului, și începutul și sfîrșitul rasei umane.

Biblia oferă un răspuns limpede la întrebarea originii universului și vieții. Geneza 1:1 spune, *„La început Dumnezeu a creat cerurile și pământul"* și Mesajul către Evrei 11:3 spune, *„Prin credință înțelegem că lumile au fost întocmite prin Cuvântul lui Dumnezeu, încât tot ce se vede n-a fost făcut din lucruri care se văd".*

Nu tot ceea ce se vede a fost făcut din ceva deja existent. A fost creat din „nimic" la comanda lui Dumnezeu.

Omul poate face ceva din ceva existent deja, adică să transforme sau să combine materiale care deja există pentru a crea ceva, dar nu poate crea ceva din nimic.

Este inimaginabil ca un om să creeze un organism viu. Chiar dacă a dezvoltat tehnologia științifică îndeajuns pentru a crea computere cu inteligență artificială sau oi clonate, el nu poate crea nici măcar o amibă din nimic.

De aceea, oamenii extrag organisme vii din lucruri care au fost dăruite de Dumnezeu, și le combină în diferite feluri.

Trebuie să știți că nu e nimic mai mult de atât.

Deci, trebuie să știți că doar Dumnezeu este capabil să creeze ceva din nimic. Doar Dumnezeu Creatorul a creat universul la porunca Sa și îl controlează, istoria lumii, viața și moartea, binecuvântarea și blestemul omenirii.

Dovada care vă face să credeți în Dumnezeu Creatorul

Totul – o casă, o masă, chiar și o unghie – a fost proiectată de cineva. Trebuie să existe un creator al acestui vast univers. Trebuie să fi existat un proprietar care l-a creat și care-l guvernează. Acesta este Dumnezeu Creatorul despre care Biblia în mod repetat vă vorbește.

Când priviți împrejur, există o abundență de dovezi ale creației. Ca un exemplu ușor considerați numărul imens de persoane pe pământ. Indiferent de rasă, vârstă, gen, statut social, și așa mai departe, toți au doi ochi, două urechi, un nas cu două nări și o gură.

Chiar dacă fiecare animal are o diferență minoră potrivit speciei sale, are aceeași structura facială. De exemplu, un elefant are un nas lung (trompă) dar se află în centrul feței, și este deasupra gurii. Nu este deasupra ochilor, sub gură, sau în creștetul capului. Fiecare elefant are două nări, doi ochi, două urechi și o gură. Toate păsările din aer, toți peștii din ocean și din râuri au aceeași structură.

Nu doar că fiecare animal împarte aceeași structură facială, dar fiecare aparat digestiv și reproducător al mamiferelor sunt de asemenea identice. În același fel, fiecare consumă mâncarea cu gura sa şi indiferent ce intră pe gură, intră în stomac şi este apoi eliminat din corp. Toate mamiferele se împerechează cu cele de sex diferit şi dau naştere puilor lor.

Când puneţi aceste fapte evidente împreună, nu e pur şi simplu posibil să spuneţi că este o coincidenţă sau că dovada evoluţiei e dictată de „supravieţuirea celui mai puternic". Nici una din acestea nu va putea fi niciodată explicată de teoria evoluţiei.

De aceea, faptul că şi fiinţele omeneşti, cât şi animalele au aceeaşi structură organică e suficientă ca dovadă că totul a fost creat şi proiectat de către Dumnezeu Creatorul. Dacă Dumnezeu nu ar fi fost doar unul ci ar fi fost mai mulţi, creaturile ar fi avut un număr diferite de organe interne şi structuri şi poziţii ale corpului diferite.

Pe lângă asta, când priviţi mai atent la natură şi univers, puteţi găsi şi mai multe dovezi ale creaţiei în ele. Cât de minunat este să ştiţi că toate lucrurile în sistemul solar, precum mişcarea de revoluţie a pământului şi rotaţia funcţionează fără cea mai mică eroare!

Uitaţi-vă la ceasul de la mâna Dvs. În el există un mare număr de piese fine. Nu va funcţiona dacă va lipsi chiar şi cea mai mică părticică din el. Deci, universul a fost creat să lucreze sub providenţa Domnului.

De exemplu, nici omul şi nici altă formă de viaţă nu poate exista fără luna care se roteşte în jurul pământului. Luna nu ar fi putut fi plasată nici mai departe nici mai aproape de pământ decât poziţia ei prezentă. Dumnezeu a plasat luna la o distanţă potrivită pentru ca omul să poată trăi pe pământ.

Din cauza poziţiei prezente a lunii, gravitaţia face să existe fluxul şi refluxul mării. Acest flux face ca marea să se mişte şi să se purifice. În acelaşi fel, toate lucrurile din univers au fost făcute să se mişte conform providenţei Domnului.

De ce unii nu cred în Dumnezeu Creatorul?

Anumite persoane cred în Dumnezeu Creatorul şi trăiesc în conformitate cu Cuvântul Lui. De ce oameni care pot gândi şi pot căuta răspunsuri la orice în domeniul ştiinţei, nu cred în Dumnezeu Creatorul?

Dacă ai fost învăţat că Dumnezeu trăieşte şi că este Creatorul Atotputernic de la creştinii credincioşi încă din copilărie, nu va fi dificil să crezi în Dumnezeu Creatorul.

Şi totuşi, azi, mulţi dintre voi aţi fost influenţaţi de evoluţionism încă de la o vârstă adolescentină, şi există atâtea „cunoştinţe" care nu sunt în mod neapărat adevărate. Şi de asemenea asociaţi cu aceia care nu cred în Dumnezeu sau au îndoieli asupra Lui.

După ce aţi trăit într-un asemenea mediu, dacă mergeţi la o biserică şi ascultaţi cuvântul lui Dumnezeu, sunteţi adesea în dubiu şi în conflict şi nu puteţi crede în Dumnezeu Creatorul din cauza cunoştinţelor Dvs anterioare care se află în contradicţie cu ceea ce auziţi şi învăţaţi într-o biserică.

Atâta vreme cât nu vă lepădaţi de gândurile sau învăţăturile ce le-aţi învăţat în lume, chiar dacă mergeţi la biserică regulat, nu puteţi avea o credinţă spirituală – o credinţă generată de Dumnezeu – care este departe de orice dubii.

Nu puteţi crede în regatul paradisului sau în gheena fără credinţa spirituală. Consideraţi lumea care se vede a fi unica lume, şi vă trăiţi viaţa conform dorinţelor Dvs.

De câte ori aţi văzut teorii, care au fost înţelese şi acceptate la un timp, au fost inversate şi înlocuite de noi teorii mai apoi? Chiar dacă nu e cazul, este adevărat că teoriile convenţionale şi aserţiunile au fost încontinuu revizuite sau suplimentate de fapte noi descoperite mai apoi.

Odată cu trecerea timpului şi odată cu dezvoltarea ştiinţei, oamenii au explicaţii şi teorii mai bune chiar dacă nu sunt perfecte. Nu voi spune că cercetările multor oameni de ştiinţă sunt greşite.

Există încă multe lucruri pe pământ care nu pot fi explicate cu capacitatea umană, aşa că trebuie să acceptăm acest fapt.

De exemplu, când e vorba de univers, nu aţi fost niciodată în partea îndepărtată a universului, şi nici nu aţi mers înapoi în timpuri străvechi. Totuşi, oamenii încearcă să explice universul şi să construiască diferite ipoteze şi teorii.

Înainte ca omul să fi păşit pe lună, credeam, „că ar trebui să existe ceva organisme vii acolo sau că alte organisme ar putea fi undeva în sistemul solar dincolo de pământ". Şi totuşi, călătoria omului pe lună a fost acuzaţia prin aceea că „nu există organisme vii pe lună". Astăzi, oamenii de ştiinţă spun că „există probabilitatea existenţei organismelor vii pe Marte" sau „ există urme de apă pe Planeta Roşie".

Chiar dacă aţi făcut cercetări pentru mult timp şi v-aţi îmbunătăţit cunoştinţele, dacă nu cunoaşteţi dorinţa, providenţa şi puterea Dumnezeului Creator, veţi sfârşi înfruntând limitările capacității umane.

Prin urmare Epistola către Romani 1:20 spune că „*însușirile nevăzute ale Lui, puterea Lui veșnică și divinitatea Lui se văd lămurit, de la creerea lumii, fiind înțelese de minte, prin lucrurile făcute de El, așa că nu se pot dezinovăți*".

Oricine își deschide inima și meditează, poate simți puterea lui Dumnezeu și natura Lui divină prin intermediul creațiilor Sale precum soarele, luna și stelele – obiecte prin care Dumnezeu vă permite să știți de existența Lui și să credeți în El.

Eu sunt cel ce SUNT

Auzind de Dumnezeu Creatorul, mulți oameni s-a putea întreba, „Cum a existat El de la început"? „De unde vine El"? sau „Prin ce înfățișare El există"?

Cunoștințele omului și gândurile sale nu pot trece de o anumită limită, ceea ce dictează că ar trebui să fie un început și un sfârșit pentru toate ființele. Ca urmare, cerem răspunsuri clare la asemenea întrebări. Totuși, Dumnezeu există dincolo de înțelegerea umană, așa că El este „a fost", „este" și „urmează să vină".

Exodul 3 portretizează o scenă în care Dumnezeu îi poruncește lui Moise să-și conducă izraeliții în țara lui Canaan. Moise în schimb l-a întrebat pe Dumnezeu cum să le răspundă izraeliților dacă îl vor întreba numele lui Dumnezeu.

În acel moment, Dumnezeu îi răspunde lui Moise, „*EU SUNT CEL CE SUNT*", și i-a cerut să le spună izraeliților, „*EU*

SUNT m-a trimis la voi" (Exodul 3:14).

„EU SUNT" este propoziția prin care Dumnezeu se referă la El personal, și înseamnă că nimeni nu i-a dat naștere, sau L-a creat, căci El este ființa perfectă, Creatorul Însuși.

Dumnezeu a fost o lumină cu voce la început

Ioan 1:1 spune că *„ La început era Cuvântul și Cuvântul era cu Dumnezeu și Cuvântul era Dumnezeu"*. În acest fel, Dumnezeu care era Cuvântul la început era o ființă ce era într-o existență singură, perfectă fără să fi trebuit să fie creată. Cum și unde a existat El?

Dumnezeu este Duhul, asa că El a fost sub forma Cuvântului în patru dimensiuni, împărăția spirituală, nu cele trei dimensiuni care sunt vizibile. Dumnezeu nu a existat sub nicio formă, ci doar într-o lumină profundă și minunată, cu o voce clară și pură, iar El a domnit peste tot universul.

Astfel încât Întâia Epistolă a Apostolului Ioan 1:5 spune, *„ Vestea pe care am auzit-o de la El și pe care v-o spunem este că Dumnezeu e lumină și în El nu e întuneric"*. Are un înțeles spiritual și are expresia unei trăsături a lui Dumnezeu care a fost lumină la început.

La început, Dumnezeu a existat ca lumină cu o voce în ea. Vocea Sa e pură, dulce și fină, se aude peste întreg universul. Cei care au auzit personal vocea lui Dumnezeu pot înțelege asta.

Dumnezeu Creatorul a existat înainte ca timpul să înceapă, și planifica să-și crească adevărații Săi copii spirituali începând cu asta. Ca urmare, dacă ați ajuns să înțelegeți pe deplin Dumnezeu

CE SUNT, ar trebui să demontați tot modul de gândire, teoriile și stereotipiile, și să acceptați lucrarea creației asigurată de Dumnezeu.

Spre deosebire de lucrurile create de Dumnezeu, lucrurile făcute de om au limitele și defectele lor. În timp ce cunoștințele și civilizația umană avansează încontinuu, sunt fabricate produse mai bune dar, au încă multe neajunsuri.

Anumite persoane fac idoli din aur, argint, bronz și alte metale și le numesc dumnezeu în fața cărora se închină și se roagă pentru binecuvântare. Ele sunt făcute din lemn, metal, sau imagini de piatră și care nu pot respira, vorbi, nici măcar să clipească din ochi (Habacuc 2:18-19).

Deși pretind că sunt înțelepți, oamenii de fapt nu pot discerne între adevăr și fals, și adeseori fac anumite imagini și le numesc dumnezeu la care se închină (Romani 1:22-25). Cât de prostesc și rușinos e asta?

Pornind de la asta, dacă oamenii s-au închinat și au servit zei nefolositori pentru că îl ignorau pe Dumnezeu, ei ar trebui să se căiască, să se închine lui Dumnezeu CE SUNT și să îndeplinească datoria de fii ai Lui.

Dumnezeu este omniprezent

Dumnezeu Creatorul care a creat întreg universul este ființa perfectă ce a existat înainte de începerea timpului, iar El este atotcunoscător și atotputernic. Biblia înregistrează numeroase minuni și miracole ce nu puteau fi făcute de puterea și cunoştinţele omenirii.

Aceste lucrări puternice ale atotcunoscătorului şi atotputernicului Dumnezeu care este la fel ca cel de ieri şi de azi a avut loc pe timpul Noului Testament, precum şi în cel al Vechiului Testament prin mulţi oameni ai lui Dumnezeu aveau puterea Lui.

Asta pentru că aşa cum Isus a spus în Ioan 4:48, „*Dacă nu vedeţi semne şi minuni, cu niciun chip nu credeţi*" oamenii nu cred până când nu văd lucrările Atotputernicului Dumnezeu.

Dumnezeu arată miracole şi semne minunate

Exodul înregistrează în detaliu că Dumnezeul atotcunoscător şi atotputernic a îndeplinit miracole şi semne minunate prin intermediul lui Moise când i-a scos pe izraeliţi din Egipt în ţara lui Canaan.

De exemplu, atunci când Dumnezeu l-a trimis pe Moise la faraonul, regele Egiptului, a adus mai departe Cele Zece Plăgi asupra lui şi a naţiunii sale, a făcut pe izraelieni să meargă pe pământ uscat despărţind Marea Roşie în două şi a înfrânt si terifiat armatat egipteană în bătaia curentului.

Chiar şi după Exod, apa a ţâşnit dintr-o stâncă atunci când Moise a lovit-o cu toiagul său, apa amară s-a transformat în apă dulce, iar mana cerească a coborât din ceruri, ca milioane de oameni să trăiască fără să se îngrijoreze pentru mâncare.

Mai târziu în Vechiul Testament, îl găsim pe Dumnezeu împuternicindu-l pe Elijah să prorocească trei ani şi jumătate de secetă, să plouă din nou la rugăciunile sale şi să învie morţii.

În Noul Testament, îl vedem pe Isus, Fiul Domnului, înviindu-l pe Lazăr ce era mort de patru zile, deschizând ochii unui orb, și vindecând multe persoane de diferite boli, infirmități și duh al diavolului. A pășit pe apă și a liniștit vântul și valurile.

Dumnezeu a îndeplinit miracole extraordinare prin mâinile lui Pavel, căci atunci când batista sau șorțul au fost doar purtate de pe trupul său la bolnavi, bolile dispăreau iar duhurile diavolului erau alungate (Faptele 19:11-12). Numeroase semne l-au urmărit pe Petru care a fost unul din cei mai buni ucenici ai lui Isus. Oamenii au adus bolile pe străzi și zăceau în paturi și rogojini pentru ca cel puțin umbra lui Petru să cadă pe câțiva dintre ei în timp ce trecea pe lângă ei. (Actele 5:15).

În afară de asta, Dumnezeu a îndeplinit minuni și le-a arătat semnele prin Ștefan și Filip în Biblie, iar El continuă să le arate în biserica noastră chiar și astăzi.

Dumnezeu este autorul Bibliei

Dumnezeu este Duhul, așa că este invizibil dar mereu se arată în multe feluri. În general Dumnezeu se arată prin natură, și în special prin mărturiile persoanelor care au fost vindecate și care primesc răspunsuri de la El. El, de asemenea se arată în detaliu în Biblie.

Deci, prin intermediul Bibliei, puteți să cunoașteți pe adevăratul Singur Dumnezeu, să-L întâlniți și să obțineți mântuirea și viața eternă prin realizarea lucrării Domnului. În plus, puteți duce o viață plină de succes și slavă întru Dumnezeu prin înțelegerea inimii lui Dumnezeu și realizând cum să-L iubiți și cum să fiți iubiți de El. (A Doua Epistolă a lui Timotei 3:15-17).

Scriptura este răsuflarea lui Dumnezeu

A Doua Epistolă a Apostolului Petru 1:21 spune că *„nicio prorocie n-a fost adusă prin voia omului; ci oamenii sfinți ai lui Dumnezeu au vorbit conduși de Duhul Sfânt"*, iar A Doua Epistolă a lui Timotei 3:16 spune că *„toată Scriptura este inspirată de Dumnezeu"*. Aceasta înseamnă că Biblia de la Geneză la Apocalipsă este cuvântul lui Dumnezeu, care a fost scris numai la comanda lui Dumnezeu.

De aceea există multe propoziții ca „Dumnezeu spune", „Domnul spune" și „Domnul Dumnezeu spune". Acestea confirmă ca Biblia nu este cuvântul omului, ci al lui Dumnezeu.

Biblia conține șaizeci și șase de cărți din care treizeci și nouă sunt cărți cu Vechiul Testament și douăzeci și șapte de cărți cu Noul Testament. Numărul de scriitori e estimat la 34. Perioada în care a fost scrisă Biblia se întinde de la 1500 î.Hr până la anul 100 d.Hr. deci aproape 1600 de ani. Ceea ce este minunat este că chiar dacă a fost scrisă de diferiți autori, Biblia în întregul său este complet coerentă, de la început la sfârșit, și fiecare verset coincide cu celelalte versete.

Așa că Isaia 34:16 spune, *„Căutați în cartea DOMNULUI și citiți: Niciuna din toate astea nu va lipsi, niciuna, nici alta nu vor da greș, căci gura DOMNULUI a poruncit lucrul acesta: Duhul Lui le va strânge"*.

Asemenea lucru a putut avea loc pentru că scriitorul original al

Bibliei este Dumnezeu, iar Duhul Sfânt a domnit peste inimile scriitorilor şi au adunat cuvintele împreună. Ceea ce trebuie să vă amintiţi este că autorii Bibliei sunt scriitori anonimi care au scris pentru Dumnezeu, iar autorul original al Bibliei este Dumnezeu.

Să luăm un exemplu. Să presupunem că există o mamă în vârstă care trăieşte într-o zonă rurală. Ea îi trimite o scrisoare fiului ei mai tânăr care studiază la oraş. Ea e analfabetă, aşa că ea dictează mesajul fiului ei mai în vârstă. Când fiul mai tânăr de la oraş primeşte scrisoarea, el va crede că mama lui i-a trimis scrisoarea, şi nu fratele lui mai mare, chiar dacă de fapt scrisoarea e scrisă de el. Este exact acelaşi lucru cu Biblia.

Scrisoarea lui Dumnezeu plină de binecuvântare şi promisiuni

Biblia a fost scrisă de slujitori plin de duh ai lui Dumnezeu pentru a da la lumină pe Dumnezeu Însuşi. Trebuie să credeţi faptul că este cuvântul lui Dumnezeu ce Îl arată.

Cuvântul Dumnezeu este duh şi viaţă (Ioan 6:63), aşa că oricine ascultă şi crede va fi răsplătit cu viaţa veşnică cu sufletul primind viaţă din belşug. Oricine crede şi respectă cuvântul lui Dumnezeu se va bucura de o viaţă prosperă şi va fi omul perfect al lui Dumnezeu după Isus Hristos.

Dumnezeu a venit pe pământ trup şi oase pentru a Se arăta omenirii, şi acea prezenţă a fost prin Isus. Filip, ucenicul lui Isus, nu ştia asta şi i-a cerut lui Isus sa i-l arate pe Dumnezeu. Nu reuşise să realizeze că Isus este Dumnezeu încarnat, ca şi cum ar fi completat proverbul care spune că „Farul nu străuceşte la baza sa".

Ioan 14:8 şi următoarele versete introduc dialogul dintre Filip şi Isus: „*Doamne I-a zis Filip, arată-ne pe Tatăl şi ne este de ajuns. Isus i-a zis: De atâta timp sunt cu voi şi nu M-ai cunoscut Filip? Cine M-a văzut pe Mine a văzut şi pe Tatăl. Cum zici tu: Arată-ne pe Tatăl. Nu crezi că Eu sunt în tatăl şi că tatăl este în Mine? Cuvintele pe care vi le spun Eu, nu le spun de la Mine, ci Tatăl care locuieşte în Mine. El face aceste lucrări.*" (Ioan 14:8-10).

Chiar dacă Isus i-a dat dovezi convingătoare că El şi Dumnezeu este unul şi că îndeplinesc miracole care altfel ar fi fost imposibile fără puterea lui Dumnezeu, Filip dorea ca Isus să i-L arate pe Tatăl. Isus i-a spus să creadă în învăţăturile Lui cu dovada miracolelor însăşi.

Dumnezeu a venit în această lume încarnat pentru a Se arăta, iar Dumnezeu avea Biblia scrisă pentru că era imposibil pentru ochiul omenesc să-L vadă.

Deci, puteţi avea binecuvântarea şi promisiunile lui Dumnezeu promise în Biblie atunci când aveţi tovărăşia preţioasă a lui Dumnezeu viu prin intermediul Bibliei, când veţi cunoaşte providenţa Lui şi veţi vedea Cuvântul Lui.

Fiecare Cuvânt din Biblie este adevărat

Dovezile istorice vă permit să aveţi cunoştinţe despre oameni sau întâmplări într-un anumit timp din trecut. Istoria este o relatare a schimbărilor timpurilor şi vă permite să cunoaşteţi în detaliu lucruri specifice, oameni, condiţii de viaţă în acele vremuri.

Istoria umanității a dovedit că Biblia este adevărată. Veți găsi că Biblia este o istorie și e reală, în special atunci când priviți mai atent la întâmplările, oamenii, locurile și obiceiurile relatate în Biblie.

Încă de la Vechiul Testament au fost într-adevăr prezentate fapte obiective precum informații importante sau piese fără însemnătate care li s-au întâmplat indivizilor, persoanelor sau grupurilor de oameni, încă de pe timpul lui Adam și Eva, Israel a considerat Vechiul Testament ca fiind documentul istoric și sacru al națiunii lor și moștenire până în ziua de azi. Chiar și mulți istorici admit ca Biblia este o sursă de încredere.

Istoria dovedește exactitatea Bibliei

Înainte de toate, bazându-mă pe Biblie, aș dori să vă împărtășesc istoria lui Israel și să vă dovedesc că cuvântul lui Dumnezeu din Biblie este adevărat.

Adam strămoșul omului a păcătuit în fața lui Dumnezeu, așa că urmașii săi, toate ființele umane ce au urmat, au trecut pe calea păcatului și au trăit fără să-L știe pe Dumnezeu, Creatorul lor. Doar atunci, Dumnezeu a ales o națiune și a intenționat să-și destăinuie dorința și providența prin ea.

Mai întâi, Dumnezeu l-a numit pe Avraam care avea cea mai buna „inimă", l-a purificat și l-a așezat ca fiind tatăl credinței. Avraam era tatăl lui Isac, Isac tatăl lui Iacov, și Dumnezeu l-a numit pe Iacov „Israel" și a făcut 12 triburi din cei 12 fii ai lui.

Când Iacov trăia, Dumnezeu l-a mutat în Egipt și i-a permis să-și formeze o națiune prin creșterea descendenților, și în final i-a condus către țara Canaan.

Dumnezeu i-a dat lui Moise Legea pe timpul șederii sale în pustiu, a învățat izraeliții să trăiască conform Cuvântului Lui și să-i conducă doar prin Cuvântul Lui.

După ce au fost conduși către țara lui Canaan, ei au prosperat doar când s-au supus Legii. Când Israel slujea la idoli și a comis păcate, puterea sa a scăzut și a suferit de pe urma invaziilor străine. Israeliții au fost luați prizonieri și duși în sclavie. Atunci când s-au căit, națiunea lor a fost restaurată. Acest ciclu a fost repetat mereu și mereu.

Deci, Dumnezeu a arătat tuturor ființelor omenești prin istoria lui Israel că Dumnezeu este viu și că El guvernează totul prin Cuvântul Său.

Puteți de asemenea vedea că profețiile din Biblie au fost îndeplinite și că sunt în proces de a fi îndeplinite. De exemplu, în Luca 19:43-44, Isus se referă la căderea Ierusalimului spunând: *„Vor veni peste tine zile când vrăjmașii tăi te vor înconjura cu șanțuri, te vor împresura și te și te vor strâmtora din toate părțile; te vor face una cu pământul, pe tine și pe copiii tăi din mijlocul tău; și nu vor lăsa în tine piatră pe piatră, pentru că n-ai cunoscut timpul cercetării tale".*

În aceste versete, Isus se referea cum orașul Ierusalim va fi distrus din cauza ticăloșiei crescânde. Profeția s-a adeverit în anul 70 d.Hr., când generalul Titus al Imperiului Roman a pus oamenii săi să construiască un dig în jurul Ierusalimului, l-a încercuit și a ucis multe persoane din interiorul zidurilor. Aceasta a avut loc la doar 40 de ani după profeția lui Isus.

Isus a spus în Matei 24:32 că *„de la smochin învățați pilda*

*lui: când îi frăgezeşte şi îi înfrunzeşte mlădiţa, ştiţi că vara e
aproape "*. Aici smochinul simbolizează naţiunea lui Israel, şi
această parabolă învaţă că Israel va fi independent atunci când A
Doua Venire a lui Isus va fi aproape. În sfârşit, istoria ne
menţionează că acest cuvânt al lui Dumnezeu a devenit adevărat
când Israel a căzut în anul 70 d.Hr. şi s-a refăcut miraculos la 14
mai 1948, 1900 de ani de la distrugerea lui.

Profeţia Vechiului Testament şi îndeplinirea lui în Noul Testament

Depun mărturie că cuvântul lui Dumnezeu din Biblie este
adevărat prin studierea cum profeţia din Vechiul Testament a
fost îndeplinită în timpurile Noului Testament.

Legea Vechiului Testament nu a fost calea perfectă de
„obţinere a adevăraţilor copii a lui Dumnezeu". Era doar umbra
de demonstrare a lui Dumnezeu. De aceea Dumnezeu a promis
venirea Mesiei în decursul Vechiului Testament. Atunci când
timpul a sosit, El l-a trimis pe Isus Hristos în această lume pentru
a-Şi ţine promisiunea.

Este evident că Isus a venit pe pământ acum 2000 de ani.
Istoria vestică este impărţită în două grupuri mari în privinţa
naşterii lui Isus. „B.C" provine de la Înaintea lui Hristos", în timp
ce „A.D." provine de la Anno Domini ceea ce înseamnă „anul
Domnului nostru". Chiar şi istoria însăşi atestă naşterea lui Isus.

Să privim mai întâi la Geneza 3:15: *„ Vrăjmăşie voi pune
între tine şi femeie, între sămânţa ta şi sămânţa ei. Aceasta îţi
va zdrobi capul şi tu îi vei zdrobi călcâiul ".*

Versetul face profeția Mântuitorului nostru, ca fiind sămânța femeii, va veni și va distruge autoritatea morții. „Femeie" în acest pasaj înseamnă Israel. De fapt, Isus a venit pe pământ ca fiu al lui Iosif care aparținea tribului Iuda a lui Israel (Luca 1:26-32).

Isaia 7:14 spune că „*de aceea Domnul Însuși vă va da un semn: Iată fecioara va rămâne însărcinată, va naște un Fiu și-I va pune numele Emanuel*".

Aceasta implică că Fiul lui Dumnezeu va fi trimis să se căiască pentru păcatele rasei umane prin convingerea Duhului Sfânt. Într-adevăr, Isus a fost născut din Fecioara Maria de către Duhul Sfânt (Matei 1:18-25).

S-a profețit că nașterea lui Isus va avea loc la Bethleem, așa cum Mica 5:2 spune: „*Și tu Betleeme Efrata, măcar că ești prea mic între miile lui Iuda, a cărui origine este din timpuri străvechi*".

Îndeplinind acest Cuvânt, Isus s-a născut la Betleem, Iuda în timpul domniei Regelui Herod. Chiar și istoria reafirmă asta.

Măcelul multor noi născuți de către Regele Herod la momentul nașterii lui Isus (Ieremia 31:15; Matei 2:16), intrarea lui Isus la Ierusalim (Zaharia 9:9; Matei 21:1-11), și urcarea lui Isus la ceruri (Psalmul 16:10; Faptele 1:9) au fost profețite și îndeplinite întocmai.

În plus, trădarea lui Isus Iscariot, care l-a urmat pe Isus după 3 ani (Psalmul 41:9) și trădarea lui Isus pentru 30 de arginți (Zaharia 11:12) au fost amândouă profețite și îndeplinite.

Puteți deci crede că Biblia este adevărată și cuvântul lui Dumnezeu este adevărat, în special atunci când înțelegeți că profețiile din Vechiul Testament au fost toate îndeplinite cu exactitate.

Profeții din Biblie care vor fi îndeplinite

Dumnezeu l-a făcut pe Isus, Mântuitorul nostru prin îndeplinirea tuturor profețiilor din Vechiul Testament în timpul Noului Testament. Fiecare profeție despre Isus, cursul istoriei pentru Israel, și istoria omenirii au fost îndeplinite fără nicio singură eroare. Cercetarea istoriei lumii ne conduce în a găsi că toate cuvintele profeției din Bibliei au devenit adevărate și vor deveni adevărate.

Atât profețiile din Vechiul Testament și din Noul Testament au profețit ridicarea și căderea puterii lumii, distrugerea și reconstrucția Ierusalimului, și afacerile viitoare ale persoanelor importante. Multe profeții din Biblie au fost îndeplinite și sunt acum îndeplinite, și oamenii vor vedea A Doua Venire a Lui Isus, Înălțarea la Cer, Regatul Mileniului și Judecata Marelui Templu Alb. Domnul nostru pregătește acum locul tău așa cum Ți-a promis (Ioan 14:2), și curând te va lua într-un loc veșnic.

Lumea noastră suferă acum de foamete, cutremure, anomalii ale vremii, și accidente uriașe. Nu trebuie să o consideri o coincidență, ci în schimb să realizezi că A Doua Venire a Lui Isus este aproape (Matei 24:3-14). Va trebui să ajungi la mântuire totală prin a fi treaz și înfrumuțesându-te precum o mireasă.

Capitolul 2

DUMNEZEU ÎL CREEAZĂ ȘI CULTIVĂ PE OM

- Dumnezeu a creat ființele omenești
- De ce cultivă Dumnezeu ființele umane?
- Dumnezeu separă grâul de pleavă

„Şi Dumnezeu a creat pe om după chipul Său, l-a creat după chipul lui Dumnezeu; i-a creat de sex masculin şi de sex feminin. Dumnezeu i-a binecuvântat şi Dumnezeu le-a zis: Fiţi roditori, înmulţiţi-vă, umpleţi pământul şi supuneţi-l; şi stăpâniţi peste peştii mării, peste păsările cerului şi peste orice vieţuitoare care se mişcă pe pământ".

Geneza 1:27-28

Măcar o dată în viaţa ta, poţi să te întrebi întrebări fundamentale precum originea, destinaţia, scopul şi semnificaţia vieţii. Apoi încearcă să obţii răspunsuri. Multe persoane au încercat diferite metode pentru a rezolva aceste probleme, însă doar trec pe lângă ele fără să obţină răspunsuri originale.

Mulţi înţelepţi faimoşi precum Confucius, Buda, sau Socrate, de asemenea s-au chinuit să obţină aceste răspunsuri fundamentale. Confucius s-a concentrat pe morală, care accentua că virtutea perfectă era privită ca o idee etică, şi care i-a adus mulţi discipoli. Buda a suferit o perioadă lungă de vreme înainte de a ieşi din existenţa lumească. Socrate a urmat adevărul în felul său şi căuta adevărata cunoaştere.

Niciunul dintre ei, totuşi, nu a putut să găsească o soluţie permanentă şi fundamentală, şi să ajungă la adevărul veritabil, sau să obţină viaţa veşnică. Asta pentru că adevărul ascuns înainte de crearea lumii este ceva spiritual şi este invizibil şi intangibil. Nu puteţi obţine răspunsuri clare despre viaţă până când nu înţelegeţi providenţa Dumnezeului Creator în legătura cultivării omului.

Dumnezeu a creat fiinţele omeneşti

O formaţiune misterioasă de organe şi celule şi ţesuturi în corpul omenesc este nemăsurabilă. Dumnezeu când a creat omul a dorit să obţină adevăraţi copii cu care să poată împărtăşi dragostea şi multe altele. Pentru acest motiv, Dumnezeu l-a creat pe om ca imagine şi înfăţişare a Lui şi a cultivat omul şi l-a pregătit pentru rai.

Apoi, cum a creat Dumnezeu toate lucrurile în univers şi cum a format omul?

Creaţia în şase zile a lui Dumnezeu

Geneza 1 descrie procesul prin care Dumnezeu a creat cerurile şi pământul în decurs de şase zile. Dumnezeu a spus, *„Să fie lumină"*, şi a fost lumină (Geneza 1:3). Apoi a spus, *„Să se strângă la un loc apele care sunt dedesubtul cerului şi să se arate uscatul"*, şi ştim că a fost aşa (Geneza 1:9). Şi aşa mai departe.

Aşa cum este spus în Evrei 11:3, *„Prin credinţă înţelegem că lumile au fost întocmite prin Cuvântul lui Dumnezeu, încât tot ce se vede n-a fost făcut din lucruri care se văd"*. Dumnezeu a creat întregul univers prin Cuvântul Său.

Dumnezeu a creat lumina în prima zi, şi în a doua zi a creat întinderea cerului. În ziua a treia, când Dumnezeu a spus, „Să se strângă la un loc apele care sunt dedesubtul cerului şi să se arate uscatul" aşa a fost şi Dumnezeu a numit partea uscată pământ şi apele strânse le-a numit mări. Apoi Dumnezeu a spus, „Pământul să producă vegetaţie, plante cu sămânţa şi pomi roditori care să facă rod după specia lor şi care să aibă în ei sămânţa lor pământ", şi pământul a adus mai departe vegetaţie, plante cu sămânţa după specia lor, şi pomi roditori care să facă rod după specia lor. În a patra zi, El a creat soarele, luna şi stelele în întinderea cerului, iar soarele să stăpânească ziua şi luna să stăpânească noaptea. În ziua a cincea, El a creat vieţuitoarele mării şi fiecare creatură ce se mişcă şi de care mişună apele, după speciile lor şi fiecare pasăre înaripată după specia ei. În ziua a şasea, El a creat vitele, reptilele şi animalele sălbatice fiecare după specia lor.

Omul creat de imaginea lui Dumnezeu

Dumnezeu Creatorul a pregătit în şase zile un mediu în care omul poate trăi, şi apoi a creat omul după imaginea Sa. A binecuvântat omul ca stăpân peste toate creaturile, şi i-a spus să le supună şi să domnească peste ele.

„Şi Dumnezeu a creat pe om după chipul Său, l-a creat după chipul lui Dumnezeu; i-a creat de sex masculin şi feminin. Dumnezeu i-a binecuvântat şi Dumnezeu le-a spus: Fiţi roditori, înmulţiţi-vă, umpleţi pământul şi supuneţi-l; şi stăpâniţi peste peştii mării, peste păsările cerului şi peste orice vieţuitoare care se mişcă pe pământ" (Geneza 1:27-28).

Cum a creat mai apoi Dumnezeu pe om?

„Şi DOMNUL Dumnezeu a făcut pe om din ţărâna pământului, i-a suflat în nări suflare de viaţă, şi omul a devenit un suflet viu" (Geneza 2:7).

În acest pasaj, ţărâna se referă la argilă. Un olar priceput, ce foloseşte argilă de calitate, fabrică porţelan celadon sau porţelan alb de o mare valoare financiară. Dimpotrivă, anumiţi olari fabrică ceramică nesmălţuită, ţigle sau cărămizi.

Valoarea unei piese de ceramică depinde în principal de cine o fabrică, cât de priceput a fost făcută, ce fel de argilă a folosit, şi ce fel de olărie este. Şi cum Dumnezeu Atotputernicul Creator a creat pe om după chipul său, cât de frumos a facut-o?

După ce l-a creat pe om după chipul Său din ţărână, Dumnezeu i-a suflat în nări suflare de viaţă, ce e energia vie. Omul a devenit un suflet viu. Suflarea de viaţă este rezistenţa, puterea, energia şi sufletul lui Dumnezeu.

Dumnezeu a suflat suflare de viaţă în om

Atunci când ne gândim la procesul radierii luminii fluorescente, putem înţelege mai uşor procesul prin care omul a fost creat ca suflet viu. Dacă doriţi să faceţi să radieze o lumină fluorescentă, întâi trebuie să vă pregătiţi cu una foarte bună şi apoi s-o puneţi în priză. Totuşi, nu poate radia dacă întrerupeţi curentul electric.

Televizorul de la voi de acasă funcţionează la fel. Nu puteţi vedea nimic pe ecran înainte de a-l porni, dar odată ce-l porniţi puteţi vedea şi auzi diferite imagini şi sunete. Puteţi avea imagini vizuale pe ecran doar pornind televizorul. Totuși, în spatele aparatului, părți complicate sunt asamblate într-o manieră foarte complicată.

De asemenea, Dumnezeu a creat nu doar forma omului dar și organele sale interne, oasele din el din țărână. A creat venele prin care curge sângele și sistemul nervos care își poate îndeplini funcțiile perfect.

Puterea lui Dumnezeu poate preschimba țărâna în piele fină când și dacă El dorește. Așa cum se permite fluxul curentului electric, El a suflat suflarea vieții în om. Apoi sângele în el a început să circule imediat, iar el a putut să respire și să se miște.

În plus, pentru că Dumnezeu creează unități de memorie în celulele din creierul omului, omul poate să memoreze ceea de aude și simte în celulele creierului. Ceea ce este introdus și memorat devine cunoaștere, și cunoașterea e reprodusă ca gânduri. Atunci când folosiți cunoștințele înmagazinate din viață, o numiți înțelepciune.

Ființele omenești, deși niște simple creaturi, au obținut tot mai multă înțelepciune și cunoaștere, și au dezvoltat o civilizație științifică dezvoltată. Acum, ei explorează universul și produc computere și introduc informații enorme în ele sau le repară și așa ei beneficiază imens de computere, exact cum Dumnezeu a creat unitățile de memorie în celulele din creier. Au ajuns atât de departe încât pot fabrica inteligență artificială care pot recunoaște scrisori sau vocea omului și pot comunica între ele. Și ele vor deveni și mai sofisticate odată cu trecerea timpului.

Cât de greu a putut să fie atunci pentru Dumnezeu Atotputernicul Creator să creeze omul din țărâna pământului, să

sufle suflare de viaţă în el pentru a-l face o fiinţă vie! Este atât de
uşor pentru Dumnezeu să creeze ceva din nimic, dar este atât de
minunat şi incomensurabil pentru om (Psalm 139:13-14).

De ce cultivă Dumnezeu fiinţele umane?

Isus ne învaţă providenţa lui Dumnezeu prin intermediul
multor parabole. Pentru că împărăţia sufletească nu poate fi
înţeleasă cu cunoaşterea omenească, El a folosit obiecte
pământene în parabole pentru a le putea noi înţelege.

Multe dintre acestea au de-a face cu educaţia. De exemplu,
există parabola semănătorului (Matei 13:3-23; Marcu 4:3-20,
Luca 8:4-15), parabola seminţei de muştar (Matei 13:31-32;
Marcu 4:30-32; Luca 13:18-19), parabola broaştelor din câmp
(Matei 13:24-30, 36-43), parabola podgoriei (Matei 20:1-16) şi
parabola arendaşului (Matei 21:33-41; Marcu 12:1-9; Luca
20:9-16).

Aceste parabole ne arată că, aşa cum fermierii curăţă
pământul, seamănă seminţele şi le cultivă şi obţin recolta,
Dumnezeu creează şi cultivă fiinţe omeneşti pe pământ şi separă
grâul de pleavă.

Dumnezeu doreşte să împărtăşească dragoste adevărată cu copiii Săi

Dumnezeu nu are doar divinitate ci şi umanitate. Divinitatea
este puterea atotcunoscătoare şi atotputernică a Dumnezeului

Creator Însuşi, iar umanitatea este mintea omului. De aceea, Dumnezeu a creat şi domneşte peste tot universul, istoria omenirii şi vieţile noastre. De asemenea El simte bucurie, mânie, regret şi plăcere, şi doreşte să împărtăşească dragostea cu copiii Săi.

Biblia ne arată de atâtea ori că Dumnezeu are personalitatea precum a fiinţelor omeneşti; Dumnezeu se bucură şi binecuvântează oamenii cînd ei, creaţi fiind după chipul lui Dumnezeu, fac ceea ce e drept, dar se mânie şi oftează când ei păcătuiesc. Dorinţa lui Dumnezeu de a comunica cu copiii Săi şi să le ofere lucruri bune este adesea exprimat în cuvântul lui Dumnezeu.

Dacă Dumnezeu ar fi avut doar trăsături divine; El nu s-ar fi odihnit după crearea în şase zile ale universului, şi nu ar fi dorit sa aibă tovărăşia noastră, spunând *„Rugaţi-vă neîncetat"* (1 Tesaloniceni 5:17), *„Cheamă-Mă şi-ţi voi răspunde, şi îţi voi arăta lucruri mari, lucruri ascunse, pe care nu le cunoşti"* (Ieremia 33:3).

Uneori doreşti să fi singur, dar poate ai fi mai fericit atunci când eşti cu prieteni asemănători cu care poţi împărtăşi iubirea ei sau a lui împreună. Pe lângă asta, Dumnezeu l-a creat pe om după chipul său pentru că El a dorit să schimbe iubirea cu cineva. El cultivă sufletul omenesc pe acest pământ pentru că El doreşte ca copiii adevăraţi să înţeleagă inima Lui şi să-L iubească din inimă.

Dumnezeu doreşte ca copiii să se supună liberului arbitru

Anumiţi oameni s-ar putea întreba de ce Dumnezeu a creat fiinţele omeneşti şi le-a crescut chiar dacă există atâţi îngeri ascultători şi o oşti cereşti în rai. Totuşi, majoritatea îngerilor nu au chip omenesc care este cel mai important în împărtăşirea iubirii. Cu alte cuvinte, ei nu au posibilitatea liberului arbitru ca să aleagă pentru ei. Ei se supun poruncilor ca roboţii, dar nu pot simţi bucurie, mânie, regrete sau plăcere aşa mult ca fiinţele omeneşti. De aceea, ei nu pot împărtăşi iubirea cu Dumnezeu din adâncul inimilor lor.

De exemplu, să presupunem că ai doi copii. Unul din ei doar urmează poruncile tale fără să aibă nicio expresie de emoţie, opinie sau dragoste, fiind ca un robot programat. Celuilalt uneori îi răneşti sentimentele, regretă repede acţiunile lui sau ale ei, se prinde de tine cu gingăşie şi îşi exprimă sentimentele inimii în multe feluri. Apoi, pe care dintre ei i-ai iubi mai mult? Desigur, pe cel din urmă.

Să presupunem că ai un robot care găteşte, curăţă casa şi te serveşte. Chiar şi aşa nu iubeşti robotul mai mult ca pe copiii tăi. Indiferent cât de din greu ar lucra robotul pentru tine şi oricât de folositor s-ar dovedi, nu poate lua locul copiiilor tăi.

Tot aşa, Dumnezeu preferă fiinţele omeneşti care cu bucurie Îl ascultă conform liberei lor dorinţi cu raţiune şi emoţie, mai degrabă decât îngerii şi oastea cerească, ce acţionează ca nişte roboţi programaţi să asculte. El dă oamenilor libera alegere şi Cuvântul Său. Apoi El îi învaţă ce este bun şi rău şi care e calea spre mântuire sau spre moarte. El așteaptă răbdător până când devin adevărați copii.

Cultivarea de către Dumnezeu a oamenilor cu afecțiune părintească

Este scris în Geneză 6:5-6 că „*DOMNUL a văzut că răutatea omului este mare pe pământ și că toată imaginația gândurilor din inima lui era în fiecare zi numai răutate. DOMNULUI I-a părut rău că a făcut pe om pe pământ și S-a mâhnit în inima Lui*".

Înseamnă asta oare că Dumnezeu nu știa acest lucru când L-a creat pe om? Știa cu siguranță. Dumnezeu este atotcunoscător și atotputernic așa că El știa totul dinainte ca timpul să înceapă. Cu toate acestea, El L-a creat pe om și îl cultivă.

Dacă ești un părinte, probabil că înțelegi asta mult mai ușor. Cât de greu e să dai naștere copiilor și să-i crești! Cât timp femeia e gravidă, multe tipuri de dureri ca greața urmează în cele nouă luni. La momentul nașterii, dureri mari o însoțesc pe mamă. Pentru a-i hrăni, îmbrăca și educa, părinții fac eforturi mari și lucrează din greu zi și noapte. Când copiii vin acasă târziu părinții se îngrijorează. Atunci când se îmbolnăvesc părinții lor simt mai multă durere decît o simt copiii.

De ce părinții își cresc copiii în ciuda tuturor durerilor și eforturilor? Motivul este că părinții doresc obiective cu care să împărtășească dragostea, adică, cei care pot simți dragostea părintească și să iubească părinții din inimă. Pentru părinți chiar și asemenea dureri provoacă fericire. Mai mult, dacă copiii se aseamănă cu părinții cât de minunați sunt ei atunci! Desigur, nu toți copiii sunt ascultători cu părinții lor. Anumiți copii își iubesc și respectă părinții, dar alții îi necăjesc.

De aceea, știind toate dificultățile de a crește copiii, părinții nu privesc aceste lucruri ca dureri. În schimb, fac eforturi imense, așteptând ca copiii lor să crească și să fie fericirea lor. În același fel, Dumnezeu a știut că oamenii nu-i vor da ascultare, vor deveni corupți, produc supărări, dar El a știut că vor exista copii adevărați care-I vor împărtăși dragostea cu El. De aceea, Dumnezeu a creat omul și îl crește de bunăvoie.

Dumnezeu dorește să I se aducă slavă de către copiii săi adevărați

Dumnezeu cultivă sufletul omenesc pe pământ nu doar pentru a obține copii adevărați dar și ca să I se aducă slavă prin intermediul lor. Dumnezeu poate fi glorificat de o mare mulțime de îngeri și de oastea cerească. Totuși, ceea ce El dorește cu adevărat este să fie glorificat din adâncul inimii de către copiii adevărați pe care I-a cultivat.

Dumnezeu spune în Isaia 43:7 că „*pe toți cei chemați cu Numele Meu și pe care i-am creat spre slava Mea, pe care i-am întocmit și i-am alcătuit*" și ne învață în 1 Corinteni 10:31,"*Deci fie că mâncați, fie că beți, fie că faceți altceva, să faceți totul pentru slava lui Dumnezeu*".

Dumnezeu este Creatorul, Iubirea și Dreptatea. Și-a dăruit unicul Său Fiu să ne mântuiască, și ne-a pregătit paradisul și viața eternă. Este mai mult decât destoinic pentru a fi slăvit. Pe lângă asta, El dorește să întoarcă slava acelora care-L slăvesc.

De aceea, ar trebui să deveniți adevărați copii ai lui Dumnezeu ca să împărtășiți dragostea cu El pentru totdeauna, prin înțelegerea de ce Dumnezeu vrea să fie slăvit prin copiii săi spirituali adevărați.

Dumnezeu separă grâul de pleavă

Fermierii cultivă pământul deoarece doresc să cultive recolte din abundență. Dumnezeu de asemenea cultivă sufletul omului pe pământ pentru a obține adevărați copii, care nu-L doar iubesc și slăvesc din inimă, dar și împărtășesc dragostea eternă cu El în ceruri.

Mereu există grâul și pleava într-o recoltă, așa că fermierii separă grâul de pleavă, strâng grâul în grânare, și dau foc plevei. În același fel Dumnezeu va separa grâul de pleavă la capătul cultivării sufletului omului: *„Acela Îşi are lopata în mână, Îşi va curăţi cu desăvârşire aria și Îşi va strânge grâul în grânar; dar pleava o va arde într-un foc care nu se stinge"* (Matei 3:12).

Ca urmare, trebuie să crezi cu tărie că Dumnezeu cultivă sufletul omului pe pământ, și că la timpul Lui va strânge grâul – copiii adevărați – în paradis pentru viața eternă, dar va arde pleava cu un foc a gheenei care nu se va stinge.

După, lăsându-ne pe noi să vedem mai departe în ce fel de oameni e grâul și pleava în ochii lui Dumnezeu și ce fel de locuri paradisul și gheena sunt.

Grâul şi pleava

Grâul simbolizează aceia care îl acceptă pe Isus Hristos, păşesc în adevăr, şi împărtăşesc iubirea cu Dumnezeu. Ei sunt copiii luminii ce redobândesc imaginea pierdută a lui Dumnezeu, şi fac orice Dumnezeu porunceşte.

Dimpotrivă, pleava reprezintă pe aceia care nu Îl acceptă pe Isus Hristos, şi aceia care pretind că cred, dar nu trăiesc după Cuvântul Domnului, urmărindu-şi dorinţele lor diavoleşti.

1 Timotei 2:4 descrie pe Domnul nostru ca fiind unul „*care doreşte ca toţi oamenii să fie mântuiţi şi să vină la cunoştinţă de adevăr*". Asta e, Dumnezeu vrea ca toţi oamenii să fie grâul şi să între în regatul cerului. Dumnezeu încearcă să te facă să realizezi asta în multe feluri şi doreşte să te conducă pe calea mântuirii. Totuşi, anumiţi oameni nu respectă dorinţa şi providenţa lui Dumnezeu potrivit propriei lor voinţe. Aceşti oameni nu sunt altceva decât fiare în faţa lui Dumnezeu, pentru că şi-au pierdut valorile umane.

Fermierii ard pleava în foc sau o folosesc ca îngrăşământ, pentru că dacă şi grâul şi pleava sunt strânse în grânar, grâul va deveni stricat. De aceea, Dumnezeu nu va lăsa pleava în regatul cerului acolo unde se va afla grâul. Spre deosebire de animale, omul are un suflet veşnic pentru că Dumnezeu a suflat suflarea vieţii asupra lui atunci când l-a creat. Aşa că Dumnezeu nu poate distruge pleava, sau s-o lase să formeze un nimic.

Este inevitabil pentru Dumnezeu să strângă grâul în paradis şi să lase să se bucure de fericirea veşnică, şi să ardă pleava în focul arzător al gheenei pentru totdeauna. Deci, trebuie să aveţi asta în vedere să nu fiţi aruncat în focurile gheenei.

Frumuseţea raiului şi ororea gheenei

Pe de o parte, raiul este prea frumos să fie comparat cu ceva de pe pământ. De exemplu, florile în această lume se veştejesc repede, dar florile din rai nu veştejesc şi nu cad, pentru că tot ce este în rai este veşnic. Străzile sunt făcute din aur pur ce este clar ca sticla, Râul Vieţii strălucind precum cristalul pur curge printre, iar casele sunt făcute din tot felul de bijuterii şi briliante. Totul este de o frumuseţe fără cuvinte (vedeţi *Cerul* 1 şi 2).

Pe de altă parte, gheena este acolo unde viermii nu mor, iar focul nu se stinge. Fiecare acolo va fi trecut prin foc (Marcu 9:48-49). Mai mult, există un lac cu sulfură arzând care este de şapte ori mai fierbinte decât lacul de foc (Apocalipsa 20:10, 15). Oamenii nemântuiţi trebuie să trăiască pentru totdeauna în acel lac cu foc veşnic sau în lacul cu sulfura arzând. Cât de îngrozitor şi înspăimântător este să trăieşti acolo veşnic (vezi *Gheena*).

De aceea Isus a spus în Marcu 9:43 că *„dacă mâna ta te face să cazi mai bine tai-o, este mai bine pentru tine să intri ciung în viaţă, decât să ai două mâini şi să mergi în gheenă, în focul care nu se stinge"*.

De ce Dumnezeul iubitor a făcut şi îngrozitoarea gheenă şi minunatul rai? Dacă omului păcătos i se permite să intre într-un loc unde locuiesc cei buni şi iubitori de Dumnezeu, ar fi dureros pentru omul bun şi pentru rai să fie contaminaţi cu păcătoşi. Pe scurt, Dumnezeu a creat gheena pentru că El iubeşte oamenii şi pentru că doreşte să dea copiilor adevăraţi doar ceea ce e mai bun.

Judecata Marelui Templu Alb

Aşa cum fermierul seamănă seminţele şi recoltează an după an, Dumnezeu a cultivat sufletul omului de când Adam a fost alungat din Grădina Edenului şi va face asta până când Isus va veni din nou.

Dumnezeu ne-a arătat dorinţa Sa strămoşilor cu credinţă precum Noe, Avraam, Ioan Botezătorul, Petru şi apostolul Pavel. El încontinuu cultivă sufletul omului prin slujitorii şi robii Săi. Totuşi, aşa cum un sfârşit vine ca necesar după început, cultivarea sufletului omului nu va dura mereu.

2 Petru 3:8 ne spune „*dar, preaiubiţilor, să nu uitaţi un lucru: că pentru Domnul, o zi este ca o mie de ani, şi o mie de ani ca o zi*". Aşa cum Dumnezeu s-a odihnit în ziua a şaptea, după cele şase zile de creare a universului, aşa şi sosirea lui Isus şi Noul Mileniu, perioada Sabatului vor veni după şase mii de ani de la neascultarea lui Adam. După aceea, prin Judecata Marelui Templu Alb, Dumnezeu va permite grâului să intre în rai şi va arunca pleava în focurile gheenei.

De aceea, mă rog în numele Domnului Isus Hristos să înţelegeţi providenţa lui Dumnezeu şi să iubiţi adânc cultivarea sufletului omului, să aveţi o viaţă binecuvântată şi să aduceţi slavă lui Dumnezeu cu speranţa fierbinte a păşirii în rai.

Capitolul 3

POMUL CUNOAŞTINŢEI BINELUI ŞI RĂULUI

- Adam şi Eva în Grădina Edenului
- Adam a nesocotit propria sa voinţă
- Pedepsele păcătuirii e moartea
- De ce a aşezat Dumnezeu pomul
  cunoştinţei în Grădina Edenului?

Şi DOMNUL Dumnezeu a luat pe om
şi l-a aşezat în grădina Edenului ca
s-o lucreze şi s-o păzească.
DOMNUL Dumnezeu a poruncit
omului spunând: „Poţi să mănânci
după plăcere din orice pom din
grădină, dar din pomul cunoştinţei
binelui şi răului să nu mănânci, căci
în ziua în care vei mânca din el, vei
muri negreşit".

Geneza 2:15-17

Acei care nu cunosc marea iubire a Dumnezeului Creator şi providenţa Sa adâncă şi profundă pentru creşterea copiilor Săi adevăraţi s-ar putea întreba, „De ce Dumnezeu a aşezat pomul cunoaştinţei binelui şi răului în Grădina Edenului"? „De ce a lăsat El pe primul om să meargă pe calea pierzaniei". Ei se gândesc că omul nu ar fi murit şi s-ar fi bucurat de viaţa veşnică pentru totdeauna în Grădina Edenului, doar dacă Dumnezeu nu ar fi aşezat acel pom acolo.

Câţiva dintre voi ar spune lucruri de genul „Dumnezeu s-ar putea să nu fi ştiut dinainte că Adam va mânca fructul din pomul cunoaştinţei binelui şi răului" pentru că ei nu cred în atotcunoaşterea şi atotputernicia lui Dumnezeu. A aşezat El pomul în Grădina Edenului cu vaga idee că Adam va fi neascultător? Sau a aşezat El pomul acolo cu un motiv şi să-l conducă pe om pe calea morţii? Desigur că nu!

Atunci de ce a aşezat Dumnezeu pomul cunoaştinţei binelui şi răului în mijlocul Grădinii Edenului? De ce Adam nu a ascultat porunca lui Dumnezeu şi a căzut pe calea spre pierzanie?

Adam şi Eva în Grădina Edenului

Dumnezeu a creat pe om din ţărâna pământului, i-a suflat în

nări suflare de viață și omul a devenit un suflet viu (Geneza 2:7). O ființă vie este o ființă spirituală care nu are nicio cunoștință la momentul creării sale. Să luăm un exemplu ușor. Un nou născut nu are înțelepciune și cunoaștere. Nou născutul are un sistem de memorare în creierul său, dar nu a fost văzut, auzit sau învățat nimic. Așa încât nou născutul poate acționa doar din instinct.

În același fel, Adam nu avea înțelepciune spirituală sau cunoaștere atunci când la început a devenit o ființă vie.

Adam a învățat cunoștințele vieții de la Dumnezeu

Dumnezeu a sădit Grădina Edenului în est și L-a așezat pe Adam acolo. Dumnezeu I-a dat lui Adam cunoștințe despre viață și adevărul, plimbându-se cu el acolo, așa încât să aibă controlul asupra lui Adam și să conducă Grădina Edenului.

Geneza 2:19 spune *„Și DOMNUL Dumnezeu făcuse din pământ toate animalele câmpului și toate păsările cerului; și le-a dat la om, ca să vadă cum are să le numească; și orice nume pe care-l dădea omul fiecărei viețuitoare, acela-i era numele"*. Adam a fost înzestrat cu cunoașterea vieții îndeajuns ca să domnească peste toate lucrurile.

De asemenea, lui Dumnezeu nu i se părea bine ca Adam să fie singur. De aceea, Dumnezeu l-a adormit într-un somn adânc ca să creeze un slujitor potrivit pentru el. Dumnezeu a luat una din coastele omului și a închis carnea la locul ei în timp ce omul dormea. Apoi El a creat femeia din coasta pe care El o scosese din om și a adus-o la om. Apoi Dumnezeu l-a unit pe om cu soția lui și ei au devenit un singur trup (Geneza 2:20-22).

Asta a fost nu pentru că Adam se simțea singur, ci pentru că Dumnezeu a fost singur pentru o perioadă lungă de tine înainte de începerea timpului și știa ce înseamnă singurătatea. Iubirea enormă a lui Dumnezeu și harul L-au condus să îl creeze pe ajutorul lui Adam, iar El știind dinainte situația lui Adam, L-a binecuvântat pe om și soția lui să fie roditori, să prospere și să umple pământul.

Viața lungă a lui Adam în Grădina Edenului

Deci, cât timp au trăit Adam și soția lui, Eva în Grădina Edenului? Biblia nu spune despre asta în detaliu, dar trebuie să știi că au trăit acolo mult mai mult decât cred oamenii.

Biblia ne spune toate aceste fapte în câteva versete. De aceea, mulți cred că Adam a mâncat fructul interzis și a căzut în pierzanie nu mult după ce Dumnezeu l-a așezat în Grădina Edenului. Anumiți oameni s-ar putea întreba, „Biblia spune că istoria omului este de șase mii de ani, dar cum explicați că multe fosile datează cu sute de mii de ani în urmă"?

Istoria cultivării omului în Biblie este de aproape 6000 de ani, de la momentul când Adam și Eva au fost izgoniți din Grădina Edenului. Nu include lunga perioadă cât timp ei au trăit în Grădina Edenului. Și cum a trecut timpul, au existat mari schimbări geologice și geografice precum mișcarea scoarței terestre și câteva cicluri de reproducere și dispariție au avut loc între timp pe pământ. Așa cum s-a discutat în Capitolul 1, multe fosile atestă acest fapt.

Și odată ce Dumnezeu i-a binecuvântat pe Adam și soția lui

în Geneza 1:28, primul om Adam, înainte de a fi blestemat, a păşit cu Dumenezeu şi a dat naştere la mulţi copii timp de mulţi ani şi a umplut Grădina Edenului. Şi precum Domnul a creat toate lucrurile, Adam a supus şi condus pământul precum şi Grădina Edenului.

Adam a nesocotit propria sa voinţă

Dumnezeu le-a dat lui Adam şi Eva voinţă liberă şi Le-a permis să se bucure de bogăţia şi fericirea Grădinii Edenului. Totuşi, există un lucru pe care Dumnezeu le-a interzis. Dumnezeu le-a poruncit să nu mănânce din pomul cunoştinţei binelui şi răului.

Dacă Adam ar fi înţeles inima mărinimoasă a lui Dumnezeu şi-L iubea cu adevărat, el n-ar fi mîncat fructul interzis pentru că ştia că e porunca lui Dumnezeu. Totuşi, el nu a dat ascultare acestei porunci pentru că nu-l iubea pe Dumnezeu cu adevărat.

Dumnezeu a aşezat pomul cunoştinţei binelui şi răului în Grădina Edenului şi a stabilit o regulă strictă între Dumnezeu şi om. I-a permis omului să respecte porunca conform propriei sale voinţe. Asta pentru că El dorea să obţină copii adevăraţi care să-L urmeze din adâncul inimilor lor.

Adam a nesocotit Cuvântul lui Dumnezeu

În Biblie, Dumnezeu adesea a promis binecuvântarea acelora care-i vor urma poruncile şi vor ţine seama de cuvântul Lui

(Deuteronomul 15:4-6, 28:1-14). Şi cine a urmat poruncile Lui? Chiar şi Biblia admite că există doar câteva persoane în lume care pot ţine cont de asta.

Dumnezeu L-a învăţat pe primul om, pe Adam că se va bucura de viaţa veşnică şi de binecuvântări, atâta vreme cât îl va urma pe Dumnezeu, dar ar fi avut moartea veşnică dacă ar fi nesocotit pe Dumnezeu. Dumnezeu l-a avertizat să nu mănânce din pomul cunoştinţei binelui şi răului.

Totuşi, Adam şi Eva nu au ţinut cont de porunca lui Dumnezeu şi au mâncat fructul interzis. Satana a încercat încă de la început să tulbure planurile lui Dumnezeu de a creşte copii adevăraţi şi spirituali. În sfârşit, Satana a reuşit să-i amăgească să mănânce fructul prin intermediul şarpelui care era mai şiret decât toate animalele sălbatice (Geneza 3:1). Adam şi Eva au nesocotit porunca lui Dumnezeu. Dar cum a putut Adam să nesocotească porunca lui Dumnezeu deşi era un suflet viu şi a fost învăţat doar adevărul de către Dumnezeu?

În Geneza 2:15, găsim că Dumnezeu l-a creat pe Adam ca să aibă grijă şi să conducă Grădina Edenului. Adam a primit această putere şi autoritate de la Dumnezeu de a guverna-o şi a o păzi. Dumnezeu l-a făcut paznic, ca nu cumva inamicul diavolul şi Satana să se strecoare înăuntru. Cu toate astea, Satana a reuşit să controleze şarpele şi să-i amăgească pe Adam şi Eva prin intermediul şarpelui. Cum a fost posibil asta?

Într-un cuvânt Satana este un duh rău care are putere peste regatul aerului. Satana nu are formă. În Efeseni 2:2, Satana este descris ca un prinţ al puterii văzduhului, care lucrează acum în fiii neascultării.

Pentru că Satana este ca undele radio ce zboară prin aer, Satana poate controla şarpele în Grădina Edenului ca să-i amăgească pe Adam şi Eva. Geneza 1 ne arată o propoziţie special repetată. La sfârşitul primei zile de creare, Biblia repetă, „Dumnezeu a văzut că asta e bine". Această propoziţie nu a fost spusă în a doua zi când întinderea cerului a fost făcută.

Din nou, în Efeseni 2:2 se vorbeşte de timpul „*în care trăiaţi odinioară, după mersul lumii acesteia după domnul puterii văzduhului, a duhului care lucrează acum în fiii neascultători*". Dumnezeu ştia dinainte că duhurile rele vor avea putere peste regatul văzduhului.

Eva a căzut în amăgirea şarpelui

Şarpele este doar unul din animalele câmpului. Cum a reuşit s-o amăgească pe Eva să nesocotească porunca lui Dumnezeu?

În Grădina Edenului, omul poate vorbi cu toate vieţuitoarele, precum florile, pomii, păsările, vieţuitoarele şi aşa mai departe. Eva de asemenea putea vorbi cu şarpele. La început, şerpii erau iubiţi de oameni şi se înţelegeau bine, nu ca în zilele de astăzi. Erau atât de netezi, curaţi, lungi, rotunzi şi înţelepţi cât să fie favoriţii Evei. Ei o ştiau bine pe ea şi o încântau. Cazul e similar cu câinii care sunt favoriţi de către stăpânii lor pentru că sunt mai deştepţi şi ascultă mai bine decât alte animale.

Totuşi, multe persoane spun „Şerpii sunt îngrozitori, veninoşi şi dezgustători". Nu le plac şerpii aproape instinctiv, pentru că şerpii sunt cei care au amăgit pe primul om, pe Adam iar soţia lui a nesocotit porunca şi i-a aruncat pe calea morţii.

Pentru a înțelege natura șarpelui, trebuie să știți trăsăturile originii sale. Fiecare pământ are diferite compoziții și diferite proporții ce-l alcătuiesc. Potrivit elementelor adăugate în pământ, pământul poate fi bogat sau sărac. Atunci când Dumnezeu a creat viețuitoarele și toate felurile de păsări din aer, El a selectat fiecare pământ ca să se potrivească fiecărui animal (Geneza 2:19).

Dumnezeu la început nu L-a creat pe șarpe viclean. Dumnezeu L-a creat îndeajuns de cuminte ca să fie plăcut de oameni. Totuși, șarpele a devenit șiret după ce firea rea i-a fost introdusă. Dacă șarpele n-ar fi auzit vocea Satanei, și ar fi îndeplinit doar porunca lui Dumnezeu, ar fi devenit un animal cuminte și bun. Dar pentru că a ascultat și urmat vocea Satanei, șarpele a devenit un animal șiret care a amăgit-o pe Eva să cadă spre moarte.

Pentru că Eva a înlocuit Cuvântul lui Dumnezeu

Șarpele știa ca Dumnezeu I-a spus lui Adam: „*Poți să mănânci după plăcere din orice pom din grădină; dar din pomul cunoștinței binelui și răului să nu mănânci, căci în ziua în care vei mânca din el, vei muri negreșit*" (Geneza 2:16-17). Așa că șarpele a întrebat-o viclean pe Eva, „Într-adevăr așa a spus Dumnezeu, să nu mâncați din niciun pom din grădină?" (Geneza 3:1)

Cum a răspuns șarpelui Eva?

„*Putem să mâncăm din rodul tuturor pomilor din grădină, dar despre rodul pomului din mijlocul grădinii,*

*Dumnezeu a zis: Să nu mâncaţi din el şi nici să vă
atingeţi de el, ca să nu muriţi". (Geneza 3:2-3)*

Dumnezeu L-a avertizat limpede pe Adam *,,dar din pomul
cunoştinţei binelui şi răului să nu mănânci, căci în ziua în care
vei mânca din el, vei muri negreşit"* (Geneza 2:17). A
accentuat că dacă vor mânca din acel pom nu vor rămâne în
viaţă. Totuşi, răspunsul Evei nu a fost atât de evident. Ea a
răspuns doar vag, „Vei muri". Ea a omis cuvântul „negreşit". Cu
alte cuvinte, ea a vrut să spună, „Că dacă vei mânca din fructul
interzis, ai putea sau nu să mori".

Ea nu a ţinut porunca lui Dumnezeu în minte şi avea o mică
îndoială a Cuvântului lui Dumnezeu. După ce şarpele a auzit
răspunsul ei vag şi îndoielnic, a grăbit-o ca s-o amăgească mai
tare. A strâmbat chiar porunca lui Dumnezeu. Şarpele i-a spus
femeii, „Cu siguranţă nu vei muri". A început prin a modifica
porunca lui Dumnezeu şi a încurajat-o pe femeie: *,, dar
Dumnezeu ştie că, în ziua în care veţi mânca din el, vi se vor
deschide ochii şi veţi fi ca Dumnezeu, cunoscând binele şi
răul"* (Geneza 3:5). A amăgit-o din nou stimulându-i
curiozitatea tot mai mult.

Eva a nesocotit propria ei voinţă

După ce Satana a suflat dorinţele păcătoase în femeie prin
gândul său mincinos, pomul i-a părut diferit faţă de ce ştia până
atunci. Geneza 3:6 spune că *,,Femeia a văzut că pomul era bun
şi plăcut la privit şi că pomul era de dorit ca să deschidă cuiva*

mintea. A luat deci rodul lui și a mâncat; a dat și soțului ei, care era lângă ea, și a mâncat și el".

Ar fi trebuit să alunge această ispitire a șarpelui direct și complet. Poftele omului păcătos, pofta trupească din ochii ei, și mândria vieții au consumat-o, și au condus-o în păcatul nesupunerii.

Unii spun, „nu au mîncat Adam și Eva rodul acestui pom al cunoștinței și răului pentru că aveau în ei „o fire păcătoasă"? Ei nu aveau această fire păcătoasă ci doar bunătate în ei, înainte de a fi nesocotit vorba lui Dumnezeu. Aveau doar voința lor liberă prin care ei putea sau nu puteau să mănânce rodul interzis împotriva poruncii lui Dumnezeu.

Odată cu trecerea timpului ei au nesocotit porunca lui Dumnezeu. Apoi Satana i-a ispitit prin intermediul șarpelui și ei au cedat tentației. În acest fel, păcatul a venit prin ei, iar ei au încălcat ordinul pe care l-a stabilit Dumnezeu.

Este cazul similar cu creșterea copiilor în răutate. Chiar și un copil ce e rău în faptă și cuvânt nu este mereu așa de rău sau neascultător de la naștere. La început, el imită cuvintele urâte de la alți copii fără să cunoască înțelesul. Sau ar putea să urmeze un băiat care-l lovește pe altul, să-i placă să lovească alți băieți și să-i vadă izbucnind în lacrimi. Așa că el îi lovește pe ceilalți băieți în mod repetat și răul este zămislit și crescut în el.

În același fel, Adam nu avea o fire păcătoasă de la început. Când a nesocotit porunca lui Dumnezeu și a mâncat din pom prin propria voință, păcatul a fost zămislit și răul s-a instalat în el.

Pedepsele păcătuirii e moartea

Aşa cum Dumnezeu I-a spus lui Adam, că „din pomul cunoştinţei binelui şi răului să nu mănânci, căci în ziua în care vei mânca din el, vei muri negreşit", Adam şi Eva au murit după ce au mâncat din pom. Se spune în Iacov 1:15: *„Apoi pofta când a conceput, dă naştere păcatului, şi păcatul, odată făptuit, aduce moartea".*

Romanii 6:23 te învaţă legea împărăţiei spirituale despre rezultatele păcătuirii, „Pedepsele păcăturii e moartea". Să vedem cum a venit moartea asupra lui Adam şi Eva din cauza neascultării lor.

Moartea sufletelor lor

Dumnezeu I-a spus limpede lui Adam, „din pomul cunoştinţei binelui şi răului să nu mănânci, căci în ziua în care vei mânca din el, vei muri negreşit". Totuşi, ei nu au murit imediat după ce nu au ascultat de porunca lui Dumnezeu. Au trăit mult şi au dat naştere la mulţi copii. Atunci care a fost „moartea" cu care Dumnezeu i-a avertizat?

El nu se referea la moartea trupurilor lor, ci la moartea sufletelor lor. Oamenii sunt creaţi cu un suflet care comunică cu Dumnezeu, un suflet care este slujitorul sufletului lor, şi un trup în care sălăşuieşte spiritul şi sufletul lor. 1 Tesaloniceni 5:23 spune că oamenii sunt alcătuiţi din duh, suflet şi trup. Când Adam şi Eva au nesocotit porunca lui Dumnezeu, duhurile lor, stăpânul omului, au murit.

Dumnezeu este fără vină și nu are vină, și Duhul sălășuiește într-o lumină inaccesibilă, pentru ca păcătoșii să nu ajungă la El. Adam putea să vorbească cu Dumnezeu pe când era un suflet viu, dar nu mai poate vorbi cu Dumnezeu după ce sufletul lui a murit din cauza păcatului.

Începutul unei vieți dureroase

Grădina Edenului era un loc foarte bogat și frumos unde nu existau griji și probleme, și Adam și Eva ar fi putut trăi veșnic dacă nu mâncau din pomul vieții. Dar ei au fost alungați din Grădina Edenului după ce au păcătuit. Din acel moment, problemele lor și greutățile au început.

Femeia a început să aibă dureri în timpul sarcinii. A ajuns să-l poftească pe soțul ei și soțul ei s-o domine. Doar după ce bărbatul cultiva pământul blestemat cu trudă și muncă dureroasă îți vei scoate hrana în toate zilele vieții tale (Geneza 3:16-17).

Dumnezeu în Geneza 3:18-19 i-a spus lui Adam, „*spini și pălămidă să-ți dea și să mănânci plantele de pe câmp. În sudoarea feței tale să-ți mănânci pâinea, până ce te vei întoarce pe pământ, căci din el ai fost luat, căci țărână ești și în țărână te vei întoarce*”. Prin aceste versete, Dumnezeu a indicat că omul se va întoarce la o mână de țărână.

Pentru că Adam, strămoșul omenirii, a comis păcatul neascultării și sufletul său a murit, toți urmașii lui sunt născuți ca păcătoși și merg pe calea spre moarte.

Romanii 5:12 înregistrează moștenirea de durată a lui Adam: „*De aceea, după cum printr-un singur om a intrat păcatul în lume şi prin păcat moartea, şi astfel moartea a trecut asupra tuturor oamenilor, căci toţi aţi păcătuit ".*

Toţi oamenii se nasc cu păcatul originar

Dumnezeu le permite oamenilor să se procreeze şi să crească ca număr prin seminţele vieţii pe care El le-a dat lor atunci când I-a creat. Oamenii sunt concepuţi prin unificarea unui spermatozoid cu un ovul, pe care Dumnezeu le-a dăruit bărbatului şi femeii ca fiind sămânţa vieţii. Pentru că spermatozoidul sau ovulul au caracteristicile fiecărui părinte, bebeluşul conceput prin unificarea spermatozoidului şi ovulului amintesc de aspectul, caracterul, gusturile, obiceiurile, lucrurile favorite etc ale părinţilor.

În acest fel, firea păcătoasă a lui Adam a trecut asupra tuturor urmaşilor, după ce Adam strămoşul oamenilor a păcătuit. Este numit „păcatul originar". Urmaşii lui Adam sunt născuţi cu acest păcat originar. Aşa încât toţi oamenii sunt inevitabil păcătoşi.

Anumiţi necredincioşi se plâng, că „de ce şi cum aici pe pământ sunt un păcătos? Nu am comis niciun păcat". Sau alţii se întreabă, „cum a putut păcatul lui Adam să treacă la mine"?

Să luăm de exemplu un copil. O mamă ce alăptează un copil care nu are încă 1 an. Ea îl hrăneşte de la sân pe un alt copil chiar în faţa ochilor propriului ei copil. Este foarte probabil ca bebeluşul să devină supărat şi să-l împingă deoparte pe celălalt bebeluş. Dacă mama nu opreşte din alăptat celălalt copil, sau dacă el nu încetează să se mai alăpteze de la sânul ei, copilul ei s-ar putea să o îmbrâncească sau lovească pe mamă sau pe celălalt copil. Dacă mama continuă să alăpteze celălalt copil, propriul ei copil s-ar putea să izbucnească în plâns.

Chiar dacă nimeni nu l-a învăţat pe micul copil ce e invidia, gelozia, ura, lăcomia, sau lovirea, bebeluşul are acele lucruri rele în mintea lui din clipa în care s-a născut. Acest fapt explică că omul e născut cu păcatul originar pe care l-a moştenit de la părinţii săi.

De câte ori păcătuieşte o persoană în decursul vieţii sale? Trebuie să înţelegi că nu doar acţiunile păcătoase, dar orice fel de rău în mintea cuiva este un păcat în faţa lui Dumnezeu ce esta lumina însăşi. Dumnezeu percepe şi priveşte răul din gândire, precum ura, lăcomia, acuzarea şi multe altele. De aceea, Biblia ne spune că nimeni nu va fi declarat drept în faţa lui Dumnezeu, remarcând că legea şi toţi oamenii nu îi aduc slavă lui Dumnezeu pentru că au păcătuit. (Romanii 3:20, 23).

Nu doar omul, ci şi toate lucrurile sunt blestemate

Când Adam, ce era stăpânul tuturor lucrurilor, a păcătuit şi a fost blestemat, pământul şi toate vitele, toate târâtoarele din pământ şi păsările din aer au fost blestemate odată cu el. De atunci, insecte dăunătoare şi otrăvitoare ca muştele sau ţânţarii ce transmit tot felul de boli au venit la viaţă.

Pământul a început să producă mărăciniş şi ciulini şi omul putea culege plantele hrănitoare doar prin trudă dureroasă şi prin sudoarea frunţii lui. Omul a fost forţat să facă faţă lacrimilor, regretului, durerii, bolilor, morţii şi asta din cauza ca a fost blestemat pe acest pământ.

De aceea, în Romanii 8:20-22 se spune că, *„Căci creaţia a fost supusă deşertăciunii nu de voie, dar din cauza celui ce a supus-o, cu nădejdea însă că însăşi creaţia va fi eliberată din robia stricăciunii, în libertatea slavei lui Dumnezeu. Căci ştim că până în ziua de azi, toată creaţia suspină şi suferă durerile naşterii".*

Atunci cum a fost şarpele blestemat? În Geneza 3:14, Dumnezeu a spus şarpelui şiret ce a amăgit omul să păcătuiască, *„Fiindcă ai făcut lucrul acesta, blestemat eşti între toate vitele şi între toate fiarele de pe câmp; în toate zilele vieţii tale să te târăşti pe pântece şi să mănânci ţărână".* Şarpele însă, nu mănâncă ţărână ci animale vii precum păsări, broaşte, şoareci sau insecte. Dumnezeu a spus limpede, „Şi ţărână vei mânca. Toate zilele tale". Cum poţi interpreta acest verset?

„Ţărâna" aici simbolizează „omul care e făcut din ţărâna pământului" (Geneza 2:7), iar „şarpele" înseamnă duşmanul rău şi Satana (Apocalipsa 20:2). „Ţărână vei mânca toate zilele tale", simbolizează că Satana şi diavolul devorează oamenii care nu trăiesc după cuvântul lui Dumnezeu şi care mai degrabă păşesc în întuneric.

Chiar şi copiii lui Dumnezeu înfruntă probleme şi greutăţi pe care Satana şi diavolul le aduc dacă comit vreun rău, sau un păcat împotriva dorinţei lui Dumnezeu. Astăzi, Satana şi diavolul caută prada precum un leu care rage, căutând pe cineva să devoreze (1 Petru 5:8). Dacă găsesc vreuna, îi vor înrobi sub blestemul păcatului şi vor atrage acea persoană sprea calea spre pierzanie. Dacă e posibil, ei vor încerca să amăgească chiar şi pe copiii lui Dumnezeu.

Satana și diavolul amăgesc pe aceia care spun „Eu cred în Dumnezeu", dar nu sunt siguri de Cuvântul lui Dumnezeu și îi îndrumă pe calea spre moarte. De obicei, Satana și diavolul încearcă să te amăgească prin cei mai apropiați ție, precum soția, prietenul sau rudele – felul prin care au amăgit-o pe Eva prin intermediul șarpelui, unul din animalele ei preferate.

De exemplu, soția sau prietenul tău ar putea să te roage, „Nu ar fi îndeajuns pentru tine să iei parte doar la slujba de Duminică dimineața"? „E necesar să iei parte mereu la sluja de Duminică seara"? sau „Încerci tot posibilul să te aduni în fiecare seară?" „Dumnezeu percepe și știe chiar și gîndurile tale interioare pentru că El este atotcunoscător și atotputernic. E necesar să plângi când te rogi?"

Dumnezeu ți-a poruncit să îți amintești de ziua Sabatului și s-o sfințești (Exodul 20:8), încearcă să te strângi în numele Domnului (Epistola către Evrei 10:25), și să plângi când te rogi (Ieremia 33:3). Satana nu poate încerca nici să te amăgească, nici să păcătuiești dacă stărui complet cuvântul lui Dumnezeu (Matei 7:24-25).

Așa cum se spune în Efeseni 6:11, *„Îmbrăcați-vă cu toată armătura lui Dumnezeu ca să puteți sta împotriva uneltirilor Diavolului",* trebuie să vă înzestrați cu cuvântul Adevărului lui Dumnezeu și în mod curajos să alungați dușmanul diavol și Satana prin credință.

De ce a aşezat Dumnezeu pomul cunoştinţei în Grădina Edenului?

Dumnezeu a aşezat pomul cunoaşterii binelui şi răului în Grădina Edenului nu pentru a duce oamenii la pierzanie, ci ca să le ofere fericire adevărată. Neînţelegând planul Său profund, multe persoane înţeleg greşit iubirea şi dreptatea lui Dumnezeu, sau chiar nu cred în Dumnezeu. Ei trăiesc mărginit sau au o viaţă lipsită de viaţă fără să găsească adevăratul scop al vieţii lor.

De ce a aşezat atunci Dumnezeu pomul cunoştinţei binelui şi răului în Grădina Edenului şi de ce îţi aduce asta mari binecuvântări?

Adam şi Eva nu au cunoscut adevărata fericire

Grădina Edenului era foarte frumoasă şi bogată dincolo de imaginaţia ta. Dumnezeu a creat tot felul de pomi să crească acolo. Ei încântau ochiul şi erau buni de mâncat. În mijlocul Grădinii era pomul vieţii şi pomul cunoştinţei binelui şi răului (Geneza 2:9).

De ce a aşezat atunci Dumnezeu pomul cunoştinţei binelui şi răului în mijlocul Grădinii lângă pomul vieţii, aşa încât să poată fi văzut bine? Dumnezeu nu a intenţionat niciodată să-i conducă pe calea pierzaniei amăgindu-i să mănânce din pom. Era o providenţă a lui Dumnezeu ca să ne lase să înţelegem relativitatea pomului cunoştinţei binelui şi răului şi să devenim copiii spirituali care pot simţi inima Lui.

În timp ce oamenii îndură lacrimi, regrete, sărăcie sau boli, oamenii ar putea gândi că Adam şi Eva au fost foarte fericiţi în Grădina Edenului pentru că ei nu au îndurat suferinţe, precum lacrimile, regretele, sărăcia sau bolile din lumea asta. Totuşi, oamenii din Grădina Edenului nu au cunoscut nici fericirea adevărată şi nici iubirea adevărată pentru că ei nu au trăit relativitatea.

Să luăm un exemplu. Sunt doi băieţi. Unul s-a născut şi a crescut în sărăcie, dar celălalt s-a născut în bogăţie şi s-a bucurat de ea. Dacă dăruieşti fiecăruia o jucărie foarte scumpă, ce fel de reacţie va avea fiecare dintre ei? Pe de o parte, băiatul care a crescut în bogăţie nu va fi atât de recunoscător, pentru că el rareori cunoaşte valoarea unei jucării. Pe de altă parte, băiatul care a crescut în sărăcie va fi foarte recunoscător şi va considera jucăria ca fiind foarte preţioasă.

Adevărata fericire vine prin relativitate

În acelaşi fel, acei care trăiesc lucruri relative ca libertatea sau bogăţia ştiu şi se bucură de adevărata libertate sau adevărata fericire. Spre deosebire de Grădina Edenului, există multe lucruri relative în această lume. Dacă doreşti să cunoşti şi să te bucuri de adevărata valoare a ceva, trebuie să experimentezi lucrurile sale relative. Nu poţi realiza pe deplin adevărata valoare până când nu trăieşti aspectele sale opuse.

De exemplu, dacă doreşti să cunoşti adevărata fericire, trebuie să trăieşti nefericirea. Dacă doreşti să cunoşti adevărata valoare a iubirii adevărate, trebuie să experimentezi ura. Nu poţi ştii valoarea sănătăţii tale până când nu ai dureri din cauza unei boli

sau a sănătăţii proaste. Nu vei cunoaşte valoarea vieţii veşnice şi
nu vei fi recunoscător Dumnezeului Tatăl care pregăteşte
paradisul până când nu înţelegi că cu siguranţă există moarte şi
iad.

Primul om Adam s-a bucurat de tot ce dorea să mănânce şi
avea autoritatea să conducă toate lucrurile din Grădina Edenului.
Le obţinuse fără trudă dureroasă sau cu sudoarea frunţii sale.
Pentru acest motiv, el nu şi-a exprimat mulţumirea faţă de
Dumnezeu care I-a dăruit toate astea şi nici nu cunoştea harul şi
iubirea în inima lui.

Mai târziu, Adam a nesocotit porunca lui Dumnezeu şi a
mâncat rodul. Era un suflet viu până când după ce a păcătuit
sufletul său a murit şi a devenit un om al cărnii. El şi soţia lui au
fost alungaţi din Grădina Edenului şi au venit să trăiască pe acest
pământ. A început să îndure ceea ce nu trăiese niciodată în
Grădina EdenuluiŞ lacrimi, regrete, boli, durere, ghinion, moarte
şi aşa mai departe. La sfârşit, a ajuns să realizeze că toate astea
sunt opusul fericirii din Grădina Edenului.

În cadrul unui asemnea proces, Adam şi Eva au putut înţelege
şi să simtă cum era fericirea sau nefericirea şi cât de valoroasă a
fost bogăţia şi libertatea pe care Dumnezeu le-a dat-o în Grădina
Edenului.

Viaţa ta va fi fără un înţeles dacă vei trăi veşnic fără să ştii ce e
fericirea sau nefericirea. Chiar dacă treci prin vremuri grele
acum, viaţa ta va fi mult mai valoroasă şi plină de înţeles dacă vei
simţi adevărata fericire mai târziu.

De exemplu, chiar dacă părinţii se aşteaptă ca copiii lor să
sufere când merg la şcoală, tot le permit să meargă la şcoală. Dacă

îşi iubesc copiii, ei vor fi gata să-şi ajute copiii să studieze din greu, sau să experimenteze o mulţime de lucruri. Este acelaşi caz cu inima Dumnezeului Tatăl care a trimis omul pe această lume şi îi cultivă ca copiii Săi adevăraţi prin tot felul de experienţe.

Pentru acelaşi motiv, Dumnezeu a aşezat pomul cunoştinţei binelui şi răului în Grădina Edenului şi nu a împiedicat pe Adam şi Eva să mănânce din el. El a plănuit toate lucrurile ca omul să experimenteze toate tipurile de fericire, supărare, regret şi plăcere în această lume şi să devină copiii Săi adevăraţi prin cultivarea omului.

Prin experienţe dureroase ei vor putea într-un final să înţeleagă adevărata valoare şi înţelesul acelor lucruri unul câte unul în adâncul inimilor lor.

Din cauză că ei ar fi ştiut şi simţit adevărata fericire prin cultivarea omului, copiii lui Dumnezeu nu-L vor trăda pe Dumnezeu din nou precum a făcut Adam în Grădina Edenului, indiferent cât de mult timp va trece. În schimb, Îl vor iubi mai mult, şi vor fi plini de fericire şi mulţumire şi-I vor arăta slavă mai mare Lui.

Adevărata fericire în rai

Copiii lui Dumnezeu care au experimentat lacrimi, regrete, durere, boli, moarte şi aşa mai departe vor intra în raiul veşnic şi se vor bucura de fericire veşnică, iubire, bucurie acolo. Ei vor simţi bucuria fericirii perfecte în rai.

În această lume trupească, orice putrezeşte şi moare, dar acolo nu există putrezire, moarte, lacrimi şi regrete în împărăţia eternă a cerurilor. Dumnezeu e considerat cel mai înalt în această lume, dar toate drumurile în Noul Ierusalim din rai sunt făcute din aur pur. Casele raiului sunt făcute din cele mai frumoase şi valoroase bijuterii. Cât de minunate şi frumoase sunt ele!

Am privit aurul şi bijuteriile ca fiind cele mai valoroase, asta până când L-am întâlnit pe Dumnezeu, şi din momentul când am învăţat de raiul veşnic, am început să consider totul în această lume inutil şi zadarnic. Viaţa în această lume este un moment doar comparat cu regatul veşnic. Dacă crezi cu adevărat în el şi speri la raiul veşnic, nu vei iubi niciodată această lume. În schimb, te vei gândi doar ce trebuie şi poţi să faci să salvezi încă o persoană, sau cum ai putea evangheliza toate persoanele din lume. Te vei încărca cu daruri în rai prin a da cele mai bune jerfte lui Dumnezeu din adâncul inimii tale, încercând să păstrezi bogăţiile pentru tine pe pământ.

Apostolul Pavel a putut să-şi faca acest drum dur la sfârşit prin fericire şi mulţumire, pentru că a văzut al treilea rai pe care Dumnezeu I l-a arătat într-o viziune. El a trebuit să îndure dificultăţi imense ca apostol pentru Păgâni. Dumnezeu I-a arătat minunata măreţie a raiului şi L-a încurajat să meargă pe acea cale până la capăt cu speranţa raiului. A fost bătut cu vergeaua, bătut crunt, a fost bătut cu pietre, întemniţat frecvent, şi si-a vărsat sângele în timp ce predica evanghelia Domnului. În ciuda a toate astea, Pavel ştia că toate lucrurile ăstea vor fi răsplătite mai mult decât se poate descrie, în rai. La sfârşit, toate aceste îndurări au fost măreţ binecuvântate în ceruri.

Omul lui Dumnezeu nu tânjeşte la această lume. El tânjeşte doar la regatul raiului. Această lume este un moment în văzul lui

Dumnezeu, dar viaţa în împărăţia cerului este veşnică. Nu există lacrimi, regrete, suferinţe sau moarte în rai. Aşa încât ei pot trăi pentru totdeauna plini de fericire sperând la răsplata măreaţă a lui Dumnezeu care o vor primi în rai în conformitate cu ceea ce ei au semănat şi au făcut.

Ca urmare, mă rog în numele Domnului Isus Hristos că vei înţelege marea iubire şi providenţa Dumnezeului Creator şi pregăteşte-te să intri în rai, ca să te poţi bucura de viaţa veşnică şi de fericirea adevărată într-un rai slăvit şi extraordinar de frumos.

Capitolul 4

Secretul ascuns înainte ca timpul să fi început

- Autoritatea lui Adam
  a fost transmisă diavolului
- Legea răscumpărării pământului
- Secretul ascuns încă de la
  începuturile veacurilor
- Isus este îndreptățit conform legii

„Şi noi vestim înţelepciune printre cei desăvârşiţi, dar o înţelepciune nu a veacului acestuia, nici a stăpânitorilor veacului acestuia, care se duc; ci noi vorbim despre înţelepciunea tainică a lui Dumnezeu, cea ţinută ascunsă, pe care Dumnezeu a hotărât-o mai dinainte, spre slava noastră, înainte de veacuri, şi pe care n-a cunoscut-o nici unul din mai-marii veacului acestuia, căci dacă ar fi cunoscut-o, n-ar fi răstignit pe Domnul slavei".

1 Corinteni 2:6-8

Adam şi Eva au fost amăgiţi de şarpe în Grădina Edenului, au nesocotit porunca lui Dumnezeu şi au mâncat din pomul cunoştinţei binelui şi răului, pentru că au avut pofta de a fi în mintea lor ca Dumnezeu. Ca rezultat, ei şi toţi urmaşii lor au devenit păcătoşi.

Din perspectiva oamenilor, Adam şi Eva au să fie nenorociţi, pentru că au fost alungaţi din Grădina Edenului şi vor trebui să păşească pe calea morţii. Vorbind din punct de vedere spiritual, totuşi, este o binecuvântare uimitoare a lui Dumnezeu de vreme ce vor avea şansa să se bucure de mântuire, viaţă veşnică şi binecuvântarea raiului prin Isus Hristos.

Prin cultivarea oamenilor, secretul care a fost ascuns pentru slava ta înainte de veacuri a fost descoperit şi calea spre mântuire a fost deschisă larg pentru toate popoarele. Să ne adâncim mai adânc în secretul care a fost ascuns înainte de veacuri şi să vedem cum calea spre mântuire a fost deschisă.

Autoritatea lui Adam a fost transmisă diavolului

În Luca 4:5-6, găsim pe diavol amăgindu-l pe Isus după ce abia a terminat cele 40 de zile de post: *„Diavolul L-a suit pe un* *munte înalt, I-a arătat într-o clipă toate împărăţiile pământului locuit şi I-a zis: Ţie Îţi voi da toată stăpânirea şi strălucirea lor, căci mie îmi este dată şi eu o dau oricui voiesc".*

Diavolul a spus că îi va da autoritatea lui Isus pentru că i-a fost dată de către cineva. De ce Dumnezeu care guvernează peste toate lucrurile, a permis ca toată autoritatea să fie dată diavolului?

Se spune în Geneza 1:28 *„Dumnezeu i-a binecuvântat şi Dumnezeu le-a zis: Fiţi roditori, îmmulţiţi-vă, umpleţi pământul şi supuneţi-l; şi stăpâniţi peste peştii mării, peste păsările cerului şi peste orice vieţuitoare care se mişcă pe pământ."*

Adam a primit această autoritate şi putere pentru a supune şi guverna toate lucrurile de la Dumnezeu. El a fost stăpânul tuturor lucrurilor, dar după mult timp, el şi soţia lui au fost amăgiţi să mănânce din pomul cunoştinţei binelui şi răului de către şarpele şiret. Ei au comis păcatul neascultării lui Dumnezeu.

Se spune în Romanii 6:16, *„Nu ştiţi că dacă vă supuneţi robi cuiva ca să-l ascultaţi, sunteţi robii aceluia de care ascultaţi; fie de păcat care duce la moarte, fie de ascultare care duce la dreptate?"* dacă eşti un rob al păcatului sau al dreptăţii. Dacă păcătuieşti, eşti un rob al păcatului şi vei fi dus înspre moarte. Dacă te supui cuvântului dreptăţii eşti robul dreptăţii şi vei intra în rai.

Adam a comis păcatul neascultării de Dumnezeu şi a devenit robul păcatului. Aşa că nu mai avea autoritatea şi puterea pe care

Dumnezeu I-a dat-o. A dat autoritatea şi puterea diavolului precum şi toate posesiunile care aparţin natural stăpânului său. Pe scurt, Adam a transmis autoritatea şi puterea pe care Dumnezeu I-a dat-o către diavol pentru că a păcătuit şi a devenit robul păcatului.

Neascultarea lui Adam a rezultat în păcatul tuturor oamenilor. L-a produs el şi toţi urmaşii săi pentru a sluji diavolul ca robi şi a fost destinat la moarte.

Legea răscumpărării pământului

Ce trebuie să facă oamenii pentru a fi eliberaţi de diavolul duşman şi de Satană şi să fie mântuiţi de păcate şi moarte? Unii spun, „Dumnezeu iartă pe toţi necondiţionat pentru că Dumnezeu e iubirea. El are compasiune şi iertare din belşug". Totuşi, 1 Corinteni 14:40 spune *„Dar toate să se facă în chip cuviincios şi cu rânduială"*. Dumnezeu face totul cu rânduială potrivit legii regatului spiritual. Dumnezeu nu face nimic împotriva legii spirituale, căci El e Dumnezeul dreptăţii şi cinstei.

În regatul spiritual, există o lege care pedepseşte păcătoşii spunând că „Plata păcatului este moartea". De asemenea, există o lege care îndreaptă păcătoşii. Legea spirituală ar trebui să fie aplicată pentru a recupera autoritatea lui Adam care a transmis-o diavolului.

Atunci, ce e legea recuperării păcătoşilor? Este legea răscumpărării pământului înregistrat în Vechiul Testament. Înainte de începutul veacurilor, Dumnezeu Tatăl a pregătit în secret calea mântuirii omului conform legii.

Ce e Legea răscumpărării pământului?

Aceasta e porunca lui Dumnezeu către izraeliți în Leviticul 25:23-25:

> *Pământurile să nu fie vândute pentru totdeauna; căci țara este a Mea, iar voi sunteți ca niște străini și ca niște oaspeți ai Mei. De aceea în toată țara pe care o aveți stăpâni, să dați dreptul de răscumpărare pentru pământuri. Dacă fratele tău sărăcește și vinde din moșia lui, cel ce are dreptul de răscumpărare, ruda lui cea mai de aproape, să vină și să răscumpere ce a vândut fratele său.*

Fiecare bucată de pământ ce aparține lui Dumnezeu nu are voie să fie vândută permanent. Dacă cineva vinde pământul din cauza sărăciei, Dumnezeu îi permite lui sau celei mai apropiate rude să cumpere înapoi pământul. Aceasta este legea răscumpărării pământului.

Poporul lui Israel a întocmit contracte de pământ certificând conform legii răscumpărării pământului să nu vândă pământul definitiv, atunci când cumpără și vând pământ.

Vânzătorul și cumpărătorul scriu cuprinsul detaliat al contractului de pământ pe certificat pentru ca vânzătorul sau cea mai apropiată rudă să-l poată răscumpăra mai târziu. Ei fac o copie și imprimă ambele contracte cu sigiliile lor în fața a doi sau trei martori. Un contract este sigilat şi păstrat într-un spaţiu din templul sfânt. Celălalt contract este ţinut într-un hol, deschis şi neîncuiat. Legea răscumpărării pământului permite vânzătorului şi celei mai apropiate rude să răscumpere pământul oricând.

Legea răscumpărării pământului şi mântuirea omenirii

De ce a pregătit Dumnezeu calea spre mântuirea omenirii în conformitate cu legea răscumpărării pământului. Geneza 3:19 şi 23 ne spune clar că legea răscumpărării pământului are o legătură directă cu mântuirea omenirii:

În sudoarea frunţii tale să-ţi mănânci pâinea, până te vei întoarce în pământ, căci din el ai fost luat, căci ţărână eşti şi în ţărână te vei întoarce (Geneza 3:19).

De aceea DOMNUL Dumnezeu l-a scos afară din Grădina Edenului, ca să lucreze pământul din care fusese luat (Geneza 3:23).

Dumnezeu I-a spus lui Adam după ce nu L-a ascultat, „Căci ţărână eşti. Şi în ţărână te vei întoarce". Aici „ţărâna" simbolizează omul care a fost creat din ţărână. De aceea omul se va întoarce în ţărână după moarte.

Legea răscumpărării pământului spune că toate pământurile sunt ale lui Dumnezeu şi că nu trebuie vândute permanent (Leviticul 25:23-25). Aceste versete înseamnă că toţi oamenii sunt făcuţi din ţărâna pământului ce aparţine lui Dumnezeu şi nu poate fi vândut permament. De asemenea indică că nici autoritatea şi puterea pe care Adam a primit-o de la Dumnezeu în Grădina Edenului nu poate să vândă permanent pământul pentru că aparţine lui Dumnezeu.

Autoritatea lui Adam a fost transmisă duşmanului diavolul şi Satanei dar cine e nimerit să recupereze autoritatea pierdută a lui Adam şi să o recupereze de la duşmanul diavolul. În acelaşi fel, Dumnezeul dreptăţii a destinat salvatorul perfect potrivit legii răscumpărării pământului. Acest salvator este Mântuitorul tuturor oamenilor.

Secretul ascuns încă de la începuturile veacurilor

Înainte de începerea veacurilor, Dumnezeu al iubirii ştia că Adam nu Îl va asculta şi că toţi urmaşii lui vor cădea pe calea spre moarte. El a pregătit calea pentru mântuirea omenirii în secret, şi a ascuns-o până când a sosit timpul pe care El L-a ales.

Dacă diavolul ar fi ştiut calea lui Dumnezeu, ar fi împiedicat pe Dumnezeu să rezolve păcatul şi moartea tuturor oamenilor aşa încât să nu-şi piardă autoritatea. 1 Corinteni 2:7 observă că *„ci noi vorbim despre înţelepciunea tainică a lui Dumnezeu, cea ţinută ascunsă, pe care Dumnezeu a hotărât-o mai dinainte, spre slava noastră, înainte de veacuri"*.

Isus Hristos, înțelepciunea lui Dumnezeu

În Romanii 5:18-19 se spune, *„Astfel, deci, după cum printr-o singură greșeală a venit condamnarea peste toți oamenii, tot așa, printr-o singură faptă de dreptate a venit către toți oamenii o îndreptățire a vieții. Căci după cum, prin neascultarea unui singur om, cei mai mulți au fost făcuți păcătoși, tot așa, prin ascultarea unui singur om, cei mai mulți vor fi făcuți drepți"*.

Toți oamenii vor fi făcuți drepți și vor fi mântuiți prin ascultarea unui singur om așa cum toți oamenii au devenit păcătoși și au căzut pe calea spre moarte din cauza neascultării unui singur om.

Tot așa, Dumnezeu L-a trimis pe Isus Hristos, pe care L-a pregătit ca mântuitor în secret și a lăsat ca Isus să fie răstignit și să se ridice din nou. De atunci, oricine crede în El va fi mântuit. În 1 Corinteni 1:18 Dumnezeu spune că *„cuvântul crucii este o nebunie pentru cei care pier, dar pentru noi, care suntem mântuiți, este puterea lui Dumnezeu"*.

Pare nebunesc pentru unii că Fiul lui Dumnezeu Atotputernicul a fost insultat și omorât de creaturile Sale. Totuși, acest plan „nebunesc" a lui Dumnezeu este mult mai înțelept decât planurile oamenilor, iar „slăbiciunea" lui Dumnezeu este mult mai puternică decât cea mai mare putere omenească. (1 Corinteni 1:19-24). Biblia în mod clar spune că nimeni nu poate fi făcut drept în fața lui Dumnezeu prin controlarea legii. Și totuși, Dumnezeu a deschis calea spre mântuire pentru fiecare care crede în felul acesta în Isus Hristos.

Răsplata păcătuirii este moartea. Deci, nimeni nu va putea fi mântuit dacă Isus nu ar fi murit pentru păcatele noastre. Isus a fost răstignit pentru păcatele noastre şi s-a ridicat din nou prin puterea lui Dumnezeu. Tot aşa, Dumnezeu a pregătit calea ce ar putea părea slabă şi nebunească şi a ţinut-o ascunsă pentru multă vreme.

Dumnezeu L-a ţinut ascuns pe Isus Hristos şi răstignirea Lui pentru că duşmanul diavolul şi Satana, dacă ar fi ştiut, ar fi împiedicat mântuirea omenirii. Diavolul nu L-ar fi omorât niciodată pe Isus pe cruce dacă ar fi ştiut că Dumnezeu a pregătit calea spre mântuire prin cruce pentru a răscumpăra toţi oamenii de păcate, pentru a-i salva de la moarte şi să recupereze autoritatea lui Adam de la diavol.

Din nou în 1 Corinteni 2:7-8 se aminteşte: *„ci noi vorbim despre înţelepciunea tainică a lui Dumnezeu, cea ţinută ascunsă, pe care Dumnezeu a hotărât-o mai dinainte, spre slava noastră, înainte de veacuri; şi pe care n-a cunoscut-o nici unul din mai marii veacului acestuia, căci dacă ar fi cunoscut-o, n-ar fi răstignit pe Domnul slavei".*

Isus este îndreptăţit conform legii

Aşa cum orice contract are regulile sale, regatul spiritual are de asemenea o regulă, care dictează că salvatorul trebuie să fie îndreptăţit pntru a recupera autoritatea pierdută de Adam către diavol potrivit legii răscumpărării pământului.

De exemplu, să presupunem că este un om care dă faliment cu

afacerea lui. El are o datorie mare dar nu poate să o plătească. Dacă are un frate bogat ce-l iubeşte, fratele lui va plăti toate datoriile sale imediat.

Toţi oamenii care sunt păcătoşi de la căderea lui Adam au nevoie de o răscumpărare pentru a fi îndreptăţiţi să se cureţe de păcatele lor. Care sunt atunci îndreptăţirile unui mântuitor? De ce spune Biblia ca doar Isus este îndreptăţit?

Mai întâi, Mântuitorul trebuie să fie un om

În Leviticul 25:25 se spune: *„Dacă fratele tău sărăceşte şi vinde din moşia lui, cel ce are dreptul de răscumpărare, ruda lui cea mai de aproape, să vină şi să răscumpere ce a vândut fratele său."* Legea răscumpărării pământului spune că dacă un om sărăceşte şi vinde moşia lui cea mai apropiată rudă a lui poate răscumpăra ce a vândut.

1 Corinteni 15: 21-22 spune, *„Căci dacă moartea a venit prin om, tot prin om a venit şi învierea morţilor. Şi după cum în Adam toţi mor, tot aşa, în Hristos, toţi vor fi făcuţi vii".* Prima îndreptăţire a Mântuitorului care poate recupera autoritatea lui Adam este aceea că trebuie să fie un om. Acest fapt este descris încă o dată în detaliu în Apocalipsa 5:1-5:

> *„Şi am văzut în mâna dreaptă a Celui ce stătea pe scaunul de domnie, o carte scrisă pe dinăuntru şi pe dinafară, pecetluită cu şapte peceţi. Şi am văzut un înger puternic, vestind cu glas tare: Cine este vrednic să deschidă cartea şi să-i rupă peceţile? Şi nimeni, nici în*

cer, nici pe pământ, nu putea să deschidă cartea, nici să se uite la ea. Şi unul dintre bătrâni mi-a zis: Nu plânge! Iată, Leul din seminţia lui Iuda, Rădăcina lui David, a biruit ca să deschidă cartea şi cele şapte peceţi ale ei".

„O carte scrisă pe dinăuntru şi pe dinafară, pecetluită cu şapte peceţi" indică un contract ce a fost făcut între Dumnezeu şi diavol când Adam nu a dat ascultare lui Dumnezeu şi a devenit păcătos. Apostolul Ioan nu putea găsi pe altcineva care să merită să rupă peceţile şi să deschidă sulul în ceruri sau pe pământ sau înăuntrul pământului.

Asta pentru că îngerii din ceruri nu sunt oameni, toţi oamenii pe pământ sunt păcătoşi ca urmaşi ai lui Adam, iar sub pământ există doar duhuri rele ce aparţin diavolului şi sufletelor moarte care au căzut în iad.

În acel moment, unul dintre bătrâni i-a spus lui Ioan, „Nu plânge! Iată Leul din seminţia lui Iuda, Rădăcina lui David a biruit ca să deschidă cartea şi cele şapte peceţi". Aici „Rădăcina lui David" se referă la Isus, care s-a născut ca urmaş a Regelui David din tribul lui Iuda (Faptele 13:22-23). De aceea, Isus este îndreptăţit pentru prima condiţie a legii de răscumpărare a pământului.

Unii ar putea spune ca „Dumnezeu este Absolut. Isus este sigur Dumnezeu pentru că El este Fiul lui Dumnezeu. El nu e un om." Amintiţi-vă de Ioan 1:1 care zice *„Cuvântul a fost Dumnezeu"*, şi Ioan 1:14 care spune *„Şi Cuvântul a devenit trup şi a locuit printre noi."* Dumnezeu, care era Cuvântul a devenit trup şi a trăit aici pe pământ printre noi.

A fost Isus a cărui entitate primară a fost Dumnezeu şi care a devenit trup ca al omului. El a fost Cuvântul în entitatea Lui şi Fiu al lui Dumnezeu. El avea umanitate şi divinitate. Totuşi, El s-a născut şi a crescut ca un om făcut din trup. Istoria umanităţii este împărţită în două părţi odată cu naşterea lui Isus; î.Hr. – *Înainte de Hristos,* şi d.Hr (A.D.) – *Anul Domnului* (Anno Domini). Asta atestă că Isus a devenit trup şi a venit pe pământ. Naşterea lui Isus, educaţia şi răstignirea sunt părţi a acestui fapt evident.

Isus, prin urmare, este un om şi este îndreptăţit să fie Mântuitorul nostru.

În al doilea rând, El nu trebuie să fie un urmaş al lui Adam

Un datornic nu poate plăti datoriile altor oameni. El care nu e datornic şi are capacitatea de a ajuta, poate plăti datoria. În acelaşi fel, răscumpărarea tuturor oamenilor trebuie să fie fără vină şi nepătaţi pentru a răscumpăra oamenii de păcate şi moarte. Toţi oamenii sunt urmaşii lui Adam şi sunt păcătoşi pentru că primul lor strămoş al oamenilor, Adam, a păcătuit. Nimeni dintre urmaşi nu este îndreptăţit să fie răscumpărător al oamenilor pentru că ei înşişi sunt păcătoşi. Nici măcar cel mai măreţ om din istorie nu poate fi responsabil pentru păcatele altora.

Are Isus această îndreptăţire?

În Matei 1:18-21 se descrie naşterea lui Isus. El a fost conceput de către Duhul Sfânt, nu prin unificarea unui bărbat cu o femeie. Versetele spun:

> *Iar naşterea lui Isus Hristos a fost aşa: Maria, mama Lui,*
> *fiind logodită cu Iosif, înainte ca să fie ei împreună, ea s-a*
> *aflat însărcinată prin Duhul Sfânt. Şi Iosif, soţul ei, fiind un*
> *om drept şi nevoind s-o expună public, şi-a propus s-o lase*
> *pe ascuns. Da în timp ce el se gândea la aceste lucruri, iată*
> *un înger al DOMNULUI i s-a arătat în vis, spunând: Iosif,*
> *fiul al lui David, nu te teme să iei la tine pe Maria, soţia ta,*
> *căci ce s-a conceput în ea este de la Duhul Sfânt. Ea va*
> *naşte un Fiu si-I vei pune numele de ISUS, pentru că El va*
> *mântui pe poporul Său de păcatele lor.*

Isus a fost urmaşul lui David potrivit genealogiei Sale (Matei 1; Luca 3:23.37). Totuşi, El a fost conceput de Duhul Sfânt înainte ca Maria să fie logodită cu Iosif. De aceea El nu a avut o natură păcătoasă.

Fiecare e născut cu păcatul originar pentru că moşteneşte natura păcătoasă a părinţilor săi. Cu alte cuvinte, după ce Adam a păcătuit, el a transmis natura sa păcătoasă tuturor urmaşilor săi. Natura păcătoasă a fost moştenită de toţi oamenii până în ziua de azi, şi acel păcat este numit „păcatul originar". Pentru acest motiv, toţi urmaşii lui Adam sunt păcătoşi şi nu pot îndrepta niciun alt om.

Deci, Dumnezeu Tatăl a plănuit ca Fiul Său Isus să fie conceput de către Duhul Sfânt în pântecul Fecioarei Maria. În acest fel, Isus a devenit trup şi a venit pe această lume, dar nu era urmaş al lui Adam.

În al treilea rând, El trebuie să aibă puterea de a-l înfrânge pe diavol

Din nou, Leviticul 25:26-27 ne spune:

> *Dacă un om n-are pe nimeni care să fie cu drept de răscumpăarare, şi-i dă mâna lui singur să facă răscumpărarea, să socotească anii de la vânzare, să dea înapoi cumpărătorului ce este în plus şi să se întoarcă la moşia lui.*

Pe scurt, un răscumpărător trebuie să aibă puterea să cumpere înapoi pământul pe care l-a vândut. Un om sărac nu poate plăti datoria prietenului său chiar dacă doreşte. În acelaşi fel, răscumpărătorul trebuie să nu aibă niciun păcat ca să fie capabil să mântuiască toţi oamenii de păcatele lor. Să nu ai niciun păcat este puterea unuia în regatul spiritual.

Răscumpărătorul trebuie să aibă puterea să înfrângă duşmanul diavolul şi Satana şi să redea autoritatea pierdută a lui Adam. Răscumpărătorul nu trebuie să aibă nici păcatul originar şi nici propriul său păcat. Doar un răscumpărător fără de păcat poate înfrânge diavolul şi să elibere toţi oamenii de diavol.

A fost Isus fără de păcat?

Isus nu a avut păcatul originar pentru că El a fost conceput de către Duhul Sfânt. El a urmat complet legea lui Dumnezeu pentru că El a crescut sub controlul părinţilor care aveau frică de Dumnezeu. El a împlinit legea cu dragoste. A fost circumscris în a opta zi de la naşterea Sa (Luca 2:21). Nu a comis niciodată un păcat şi a urmat doar dorinţa lui Dumnezeu Tatăl până când a fost răstignit la vârsta de 33 de ani. (1 Petru 2:22-24; Everi 7:26).

Isus putea să înfrângă diavolul şi putea să îndrepte toţi oamenii pentru că nu avea niciun păcat. „Sfinţenia" Lui a fost dovedită de multe lucrări ale puterii Sale. A alungat demonii, a făcut pe orbi să vadă, a redat auzul surzilor, a făcut ologii să meargă, şi a vindecat orice boală incurabilă. A calmat o furtună puternică şi a oprit un vânt sălabtic când a certat vântul şi a spus mării, „Taci, fii liniştită!" (Marcu 4:39).

În sfârşit, El a avut o dragoste de sacrificiu

Chiar şi un om bogat nu ar răscumpăra pământul dacă nu ar avea iubire pentru omul care l-a vândut. În acelaşi fel, răscumpărătorul trebuie să aibă dragoste pentru păcătoşi până la punctul de a Se sacrifica pentru a rezolva odată pentru totdeauna problemele păcătoşilor.

În Rut 4:1-6, Boaz ştia foarte bine de sărăcia lui Naomi şi i-a spus celei mai apropiate rude – un răscumpărător ca să cumpere pământul ei înapoi dacă el dorea. Totuşi, omul a refuzat, spunându-i lui Boaz, *„Nu pot s-o răscumpăr pentru mine însumi, ca nu cumva să-mi stric moştenirea; ia tu dreptul de răscumpărare, căci eu nu pot s-o răscumpăr"* (versetul 6). El nu a răscumpărat pământul pentru Naomi şi Rut chiar dacă era îndeajuns de bogat ca s-o facă. Asta pentru că nu avea iubire de sacrificiu. La urma urmei, Boaz, cea mai apropiată rudă ca răscumpărător, a răscumpărat pământul pentru că el avea iubire de sacrificiu.

Boaz a devenit un răscumpărător legal şi s.a căsătorit cu Rut pentru că avea suficientă iubire ca să răscumpere pământul pentru Naomi. Rut şi Boaz au dat naştere unui fiu care a fost străbunicul Regelui David şi a fost înregistrat pe linia familiei lui Isus.

Isus a fost răstignit în iubire. Isus era Cuvântul, dar a devenit trup când a venit pe pământ. Nu era un urmaş al lui Adam pentru că a fost conceput de către Duhul Sfânt. Aşa că El s-a născut fără păcatul originar. El avea puterea să răscumpere toţi oamenii de păcate pentru că El era fără de păcat.

Totuşi, El nu ar fi putut deveni Mântuitor fără iubirea spirituală şi de sacrificiu, chiar dacă El ar fi avut alte trei însuşiri. A trebuit să ia pedeapsa păcatelor cu care păcătoşii au fost blestemaţi să-l poarte pentru ca El să răscumpere toţi oamenii de păcate.

A trebuit să fie tratat ca cel mai grav şi periculos tâlhar şi să fie răstignit de o cruce de lemn aspră. A trebuit să fie insultat şi batjocorit, să-şi verse sângele şi apa din trupul Său pentru a mântui oamenii. A trebuit să plătească un preţ mare şi să facă un mare sacrificiu.

Nu poţi găsi nicăieri în istoria omenirii un exemplu prin care un prinţ nevinovat să moară pentru prostia şi răutatea poporului lui. Isus este singurul şi este Fiul lui Dumnezeu cel Atotputernic, Regele regilor, Domnul Domnilor şi Stăpânul tuturor vieţuitoarelor. Iar acest Isus măreţ, nobil şi fără vină, a fost răstignit pe cruce şi a murit vărsându-şi sângele. Ce iubire incomensurabilă a putut avea El pentru noi?

De fapt, Isus a făcut doar fapte bune în întreaga Lui viață. A dat păcătoşilor iertare, a vindecat tot felul de oameni bolnavi, a eliberat mulți oameni de demoni, a dat veşti bune de pace, fericire şi dragoste, a dat oamenilor o speranță sinceră la paradis şi mântuire. Deasupra tuturor, El şi-a dat viața pentru păcătoşi.

În Romanii 5:7-8 se spune, *„Pentru un om drept, cu greu ar muri cineva; dar pentru cel mai bun, poate că cineva ar avea curajul să moară. Dar Dumnezeu Îşi arată dragostea Sa față de noi prin faptul că, pe când eram noi încă păcătoşi, Hristos a murit pentru noi"*. Dumnezeu Tatăl a trimis pe unicul şi singurul Său Fiu, Isus, pentru noi, care nu suntem nici drepți şi nici buni, şi I-a lăsat să-L răstignească pe cruce şi să moară pe ea. El a demonstrat marea Sa dragoste în acest fel.

De aceea, mă rog în numele Domnului că vei înțelege că nu poți fi mântuit în numele nimănui, decât al lui Isus Hristos, şi să câştigi dreptul de a deveni copilul lui Dumnezeu prin acceptarea lui Isus Hristos, şi întotdeauna să te bucuri de o viață minunată în siguranța mântuirii!

Capitolul 5

DE CE ESTE ISUS SINGURUL NOSTRU MÂNTUITOR?

- Providența mântuirii prin Isus Hristos
- De ce a fost Isus răstignit
  pe crucea de lemn?
- Niciun alt nume în lume decât
  „Isus Hristos"

El este „piatra lepădată" de voi, zidarii, care a ajuns să fie pusă în capul unghiului; căci în nimeni altul nu este mântuire, căci nu este sub cer alt Nume dat oamenilor, în care trebuie să fim mântuiţi.

Faptele Apostolilor 4:11-12

Îl vei iubi pe Dumnezeu cu toată inima când vei realiza providența Sa profundă și atentă a cultivării oamenilor. Mai mult, trebuie să-I admiri iubirea și înțelepciunea când vei realiza providența mântuirii prin Isus Hristos.

Și atunci cum providența mântuirii care a fost ținută ascunsă înainte de începerea veacurilor, a fost îndeplinită prin Isus Hristos? Ți-am spus mai devreme că dreptatea lui Dumnezeu L-a pregătit pe cel îndreptățit să mântuiască oamenii potrivit legii spirituale și nu există nimeni altcineva decât Isus care îndeplinește aceste cerințe.

Isus este singurul care a fost om dar care nu a fost urmaș al lui Adam pentru că El a fost conceput de către Duhul Sfânt și a venit pe pământ trup. În plus, El a avut puterea și iubirea pentru a mântui oamenii. Deci El a putut deschide calea mântuirii tuturor oamenilor prin răstignirea sa.

De aceea, este spus în Faptele Apostolilor 4:12, *„Căci în nimeni altul nu este mântuire, căci nu este sub cer alt Nume dat oamenilor, în care trebuie să fim mântuiți."* Oricine acceptă și crede în Isus Hristos este iertat de toate păcatele și este mântuit. El va veni în lumină din întuneric și va avea autoritatea și binecuvântarea copiilor lui Dumnezeu.

Acum, îți voi explica de ce trebuie să crezi în Isus care a fost răstignit pentru a fi tu mântuit și să primești autoritatea și binecuvântarea copiiilor lui Dumnezeu.

Providenţa mântuirii prin Isus Hristos

Dumnezeu a pregătit calea spre mântuire înainte de începerea veacurilor. Cartea Genezei a profeţit pe Isus şi secretul mântuirii oamenilor prin cruce.

Geneza 3:14-15 spune:

DOMNUL Dumnezeu a zis şarpelui: Fiindcă ai făcut lucrul acesta, blestemat eşti între toate vitele şi între toate fiarele de pe câmp; în toate zilele vieţii tale să te târăşti pe pântece şi să mănânci ţărână; Vrăjmăşie voi pune între tine şi femeie, între sămânţa ta şi sămânţa ei. Aceasta îţi va zdrobi capul şi tu îi vei zdrobi călcâiul.

Aşa cum s-a discutat mai înainte, în mod spiritual, „şarpele" se referă la duşmanul diavolul, şi „a mânca ţărână" simbolizează duşmanul diavolul domnind peste oameni care au fost făcuţi din ţărână pământului. De asemenea „femeia" indică „Israel" şi „trimiterea femeii" se referă la Isus. Propoziţia „Tu" [şarpele] îi vei zdrobi călcâiul" simbolizează că Isus va fi răstignit, şi „ea [sămânţa femeii] va zdrobi capul lui [şarpelui]" implică că Isus va frânge câmpul duşmanului diavolul şi Satana prin învierea de la moarte.

Satana nu a putut îndeplini planul lui Dumnezeu

Dumnezeu a ţinut providenţa mântuirii ascunsă, pentru ca duşmanul diavolul şi Satana să nu ştie şi să pună stăpânire pe înţelepciunea Lui.

Duşmanul diavolul şi Satana au încercat să omoare pruncul femeii, înainte de a fi zdrobiţi. Credea că poate avea pentru totdeauna autoritatea care i-a fost dată de Adam, care nu I-a dat ascultare lui Dumnezeu. Totuşi, duşmanul diavolul şi Satana nu au ştiut cine era pruncul femeii. Deci, au încercat să omoare profeţii care erau iubiţi de Dumnezeu de pe vremea Vechiului Testament.

Când s-a născut Moise, duşmanul diavolul şi Satana l-au pus pe faraon, regele Egiptului, să omoare fiecare băiat născut de o femeie evreică (Exodul 1:15-22). Când Isus a fost conceput de către Duhul Sfânt şi a venit trup pe pământ, duşmanul diavolul şi Satana l-au pus pe Regele Herod să facă acelaşi lucru.

Totuşi, Dumnezeu ştia deja de plănuirea duşmanului Satana. Îngerul Domnului a apărut în visul lui Iosif şi i-a spus să meargă în Egipt cu copilul şi mama. Dumnezeu a lăsat familia să trăiască acolo până la moartea Regelui Herod.

Răstignirea lui Isus, a fost permisă de Dumnezeu

Isus a crescut sub oblăduirea lui Dumnezeu şi şi-a început preoţia la vârsta de 30 de ani. A mers prin Galileea, propovăduind prin sinagogi, a vindecat toate felurile de boli între oameni, a înviat din morţi, şi a predicat evanghelia săracilor.

(Matei 4:23, 11:5)

Între timp, duşmanul diavolul şi Satana au uneltit din nou cu capul preoţilor, învăţătorii legilor şi farisei să-l omoare pe Isus. Totuşi, cum ştii din Biblie, un om rău nu putea nici măcar să-l atingă pe Isus pentru că toate faptele din timpul vieţii Sale s-au petrecut cu providenţa lui Dumnezeu.

Dumnezeu a lăsat ca duşmanul diavolul şi Satana să-L răstignească pe Isus la doar trei ani de când era în Preoţie. Ca rezultat, Isus a purtat a coroană de spini şi a murit pe cruce suferind dureri mari de la cuiele bătute în mâinile şi picioarele Sale.

Răstignirea este cea mai crudă metodă de execuţie. Duşmanul diavolul a fost foarte mulţumit după ce L-a omorât pe Isus în acel fel. Satana a cântat de fericirea victoriei pentru că credea că va continua să domnească peste această lume, căci nu mai era nici un oponent care se putea opune regimului său. Totuşi, exista secretul providenţei ţinut ascuns de Dumnezeu.

Duşmanul diavolul şi Satana au încălcat Legea Spirituală

Dumnezeu nu-şi foloseşte puterea absolută împotriva legii întrucât El este drept. El a pregătit calea mântuirii prin legea spirituală înainte de începerea veacurilor, căci El îndeplineşte totul după legea spirituală.

De vreme ce răsplata pentru păcătuire este moartea potrivit legii spirituale (Romanii 6:23), nimeni nu moare dacă nu a păcătuit. Totuşi, duşmanul diavolul şi Satana L-au răstignit pe

Isus care era neprihănit şi fără pată. (1 Petru 2:22-23). Făcând asta, duşmanul diavolul a încălcat legea spirituală şi a fost înşelat de propriul şiretlic. A devenit un instrument pentru mântuirea oamenilor ce a fost plănuit de către Dumnezeu. Copiii femei i-au zdrobit capul aşa cum a fost profeţit în Geneză.

În general, un şarpe trăieşte chiar dacă îl calci pe coadă sau îi tai corpul, dar nu mai rezistă dacă îi ţii capul strâns. De aceea, versetul, „Vrăjmăşie voi pune între tine şi femeie, între sămânţa ta şi sămânţa ei. Aceasta îţi va zdrobi capul şi tu îi vei zdrobi călcâiul" spiritual înseamnă că duşmanul Satana îşi va pierde puterea şi autoritatea din cauza lui Isus Hristos. Şarpele care zdrobeşte călcâiul copilului femeii, din punct de vedere spiritual înseamnă că Satana îl va răstigni pe Isus, iar asta s-a îndeplinit precum a fost spus în Geneza 3:15.

Mântuirea prin răstignirea lui Isus

Calea mântuirii care a fost ţinută ascunsă de Dumnezeu înainte de începerea veacurilor a fost îndeplinită când Isus a reînviat la a treia zi după răstignirea Sa.

Acum vreo 6000 de ani, Adam a transmis autoritatea sa dată de către Dumnezeu, duşmanului diavolul atunci când a încălcat legea împărăţiei spirituale prin neascultarea sa (Luca 4:6). Totuşi, după 4000 de ani, Satana a trebuit să meargă pe calea pierzaniei prin încălcarea legii spirituale.

De aceea, duşmanul diavolul a trebuit să elibereze pe aceia care L-au acceptat pe Isus ca Mântuitorul lor şi au crezut numele Său, şi au primit dreptul de a deveni copiii lui Dumnezeu. Ar fi răstignit duşmanul diavolul pe Isus dacă ştia de înţelepciunea lui Dumnezeu? Nicidecum! În 1 Corinteni 2:8, ni se aminteşte că *„Înţelepciunea pe care n-a cunoscut-o niciunul din mai-marii veacului acestuia, căci dacă ar fi cunoscut-o, n-ar fi răstignit pe Domnul slavei".*

Cei care nu înţeleg acest lucru astăzi se întreabă de asemenea, „De ce Dumnezeu Atotputernicul nu L-a protejat pe Fiul Său de moarte? De ce L-a lăsat să moară pe cruce?" Dar dacă înţelegi pe deplin providenţa crucii, vei ştii de ce Isus a trebuit să fie răstignit şi cum El a devenit Împăratul împăraţilor şi Domnul domnilor după victoria Sa triumfătoare asupra duşmanului diavolul. Deci, cine crede în Isus ca fiind Mântuitorul care a murit pe cruce şi a reînviat trei zile mai târziu pentru a răscumpăra toţi oamenii de toate păcatele, acela poate fi considerat unul drept şi poate fi mântuit.

De ce a fost Isus răstignit pe crucea de lemn?

De ce a trebuit atunci ca Isus să fie răstignit pe crucea de lemn? De ce a trebuit să fie o cruce de lemn? Din varietatea de metode de execuţie, Isus a murit pe o cruce de lemn. Potrivit Galatenilor 3:13-14, existau trei motive spirituale pentru a-L răstigni pe Isus pe o cruce de lemn.

În primul rând eliberează-ne de blestemul legii

Galatenii 3:13 spune *„Hristos ne-a răscumpărat din*

blestemul legii, făcându-Se blestem pentru noi, fiindcă este scris: ,blestemat e oricine este atârnat pe lemn' ". Explică de ce Isus ne-a răscumpărat de blestemul legii prin răstignirea lui pe crucea de lemn.

Toți oamenii au fost blestemați și deci destinați pe calea morții pentru că neascultarea primului om, Adam, așa cum spune în Romanii 6:23, „răsplata păcatului e moartea". Totuși Dumnezeu L-a dat Fiului Său Isus omenirii și I-a permis să fie răstignit pe o cruce de lemn pentru a-i răscumpăra pe oameni de blestemul legii (Deuteronomul 21:23).

Mai mult, Isus Și-a vărsat sângele Său prețuit pe cruce. Vezi Versetele 11 și 14 din Leviticul 17:

Căci viața trupului este în sânge. Vi l-am dat pe altar, ca să se facă ispășire pentru sufletele voastre, căci sângele face ispășire pentru suflet. (versetul 11)

Căci viața oricărui trup stă în sângele lui...(versetul 14).

Autorul Leviticului scrie că viața este sânge pentru că fiecare viețuitoare are nevoie de sânge pentru a trăi și fără el ar muri.

Dar când cineva moare, trupul lui se întoarce în țărână, iar sufletul său merge ori în rai ori în iad. Pentru a primi viața veșnică, trebuie să fii iertat de toate păcatele tale. Pentru a fi iertat de păcatele tale, trebuie să îți verși sângele așa cum e poruncit în Evrei 9:22, „*Și după Lege, aproape totul este curățit de sânge; și fără vărsare de sânge nu este iertare*".

Pentru acest motiv, oamenii în timpul Vechiului Testament ofereau sângele animalelor oricând păcătuiau. Totuşi Isus şi-a vărsat sângele preţios o dată pentru totdeauna pentru a face oamenii să fie iertaţi şi să primească viaţa veşnică, pentru că El Însuşi nu a fost nici păcatul originar şi nu a comis niciun păcat.

Tot aşa, poţi primi viaţa veşnică prin sângele preţios al lui Isus. Asta este, Isus a murit în locul vostru şi a deschis calea pentru voi ca să fiţi copiii lui Dumnezeu.

În al doilea rând, să dai binecuvântarea lui Avraam

Prima jumătate din Galateni 3:14 spune că „*Pentru ca binecuvântarea lui Avraam să vină peste neamuri în Hristos Isus, aşa ca, prin credinţă, noi să primim făgăduinţa Duhului*". Asta înseamnă că Dumnezeu dă binecuvântarea dată lui Avraam nu doar isrealiţilor, ci de asemenea tuturor Păgânilor care sunt declaraţi drepţi prin acceptarea lui Isus ca Mântuitor.

Avraam a fost numit „tatăl credinţei" şi „prietenul lui Dumnezeu" şi a trăit în binecuvântarea copiilor, cu sănătate, viaţă lungă şi prosperitate. Motivul pentru care Avraam a fost binecuvântat din belşug este scris în Geneza 22:15-18:

Îngerul DOMNULUI a chemat a doua oară din ceruri pe Avraam şi a zis:„Pe Mine Însumi jur, zice DOMNUL: pentru că ai făcut lucrul acesta şi n-ai cruţat pe fiul tăi, pe singurul tău fiu, te voi binecuvânta foarte mult, şi-ţi voi înmulţi foarte mult sămânţa, ca stelele cerului, şi ca nisipul de pe ţărmul mării; şi sămânţa ta va stăpâni poarta vrăjmaşilor ei. Toate neamurile pământului vor fi binecuvântate în sămânţa ta, pentru că ai ascultat de glasul Meu".

Avraam a dat ascultare când Dumnezeu I-a zis "Ieşi din ţara ta, din rudenia ta şi din casa tatălui tău şi vino în ţara pe care ţi-o voi arăta" (Geneza 12:1). El de asemenea a dat ascultare fără să se scuze sau să se plângă atunci când Dumnezeu I-a zis, "Ia pe fiul tău, pe singurul tău fiu pe care-l iubeşti, Pe Isaac, du-te în ţara Moria şu adu-l ardere-de-tot acolo, pe munte pe care ţi-l voi spune" (Geneza 22:2). A fost posibil asta pentru că Avraam credea că Dumnezeu poate să reînvie din moarte (Evrei 11:19). Era îndreptăţit să fie binecuvântat şi să fie tatăl credinţei dacă avea o asemenea credinţă puternică.

De aceea, copiii lui Dumnezeu care îl acceptă pe Isus ca Mântuitor trebuie să aibă credinţa în Avraam. Apoi vei fi capabil să aduci slavă lui Dumnezeu prin primirea tuturor binecuvântărilor pământului.

În al treilea rând, să dai promisiunea Duhului

A doua jumătate a Galatenilor 3:14 spune, "Aşa ca prin credinţă, noi să primim făgăduinţa Domnului". Asta înseamnă că oricine care crede că Isus a murit pe crucea de lemn pentru toţi oamenii, este eliberat de blestemul legii şi primeşte promisiunea Duhului Sfânt. În plus, oricine acceptă pe Isus ca Mântuitor primeşte autoritatea ca copil al Domnului şi a Duhului Sfânt ca dar şi asigurare (Ioan 1:12; Romanii 8:16).

Când primeşti pe Duhul Sfânt, îl poţi chema pe Dumnezeu cu „Ava tatăl" (Romanii 8:15), numele tău este scris în Cartea Vieţii în ceruri (Luca 10:20) şi ai cetăţenia raiului (Filipieni 3:20). Asta pentru că Duhul Sfânt, care este puterea şi inima lui Dumnezeu, te conduce spre viaţa veşnică ajutându-te să înţelegi cuvântul lui Dumnezeu şi să trăieşti conform cuvântului şi credinţei Lui.

Vei fi totuşi mântuit când nu doar vei fii convins că Isus este Mântuitorul nostru, dar şi când vei crede în inima ta că El a rupt autoritatea morţii şi a reînviat. Romanii 10:9 spun: „Dacă mărturiseşti deci cu gura ta pe Isus ca DOMN şi crezi în inima ta că Dumnezeu L-a înviat dintre cei morţi, vei fi mântuit".

Înainte de începerea veacurilor, Dumnezeu a destinat marele Său plan acelora ce cred în Isus ca Mântuitor, a devenit unit cu Dumnezeu şi I-a condus spre mântuire. Planul este foarte minunat şi tainic. Oamenii trebuie să meargă pe calea morţii din cauza păcatului primului om conform legii împărăţiei spirituale, care susţine că „Răsplata păcatului este moartea". Totuşi, ei vor putea fi eliberaţi de blestemul legii şi mântuiţi în credinţă de aceeaşi lege din cauza încălcării legii de către Satană a împărăţiei spirituale.

Oamenii trebuie să sufere de boli, necazuri, şi moartea pe care vrăjmaşul diavolul le-a adus atunci când oamenii au devenit robii păcatului din cauza neascultării. Dar, oricine acceptă pe Isus ca Mântuitor şi primeşte Duhul Sfânt poate obţine mântuirea, viaţa veşnică, reînvierea şi binecuvântări nenumărate.

Cinstea şi binecuvântarea dată copiilor lui Dumnezeu

Oricine îşi deschide inima şi-L acceptă pe Isus Hristos este iertat, primeşte dreptul de a deveni copil al lui Dumnezeu şi se va bucura de pacea şi fericirea inimii sale. Asta este posibil pentru că Isus a luat asupra Lui toate păcatele noastre fiind răstignit. Aşa se zice în Psalmul 103:12, *„Cât este de departe răsăritul de apus, atât de mult a depărtat El greşelile noastre de la noi".* De asemenea se spune în Evrei 10:16-18 că *„Acesta este legământul pe care-l voi stabili pentru ei după acele zile, zice Domnul: voi pune legile Mele în inimile lor şi le voi scrie în mintea lor, adaugă: Şi nu-Mi voi mai aduce aminte de păcatele lor, nici de fărădelegile lor. Dar acolo unde este iertare de păcate, nu mai este jertfă pentru păcate".* Nu există nimic în lume ce merită să fie comparat cu dreptul copiilor lui Dumnezeu dat de credinţă. În această lume, dreptul copiilor unui rege sau preşedinte este puternic. Atunci cât de mare este dreptul copiilor lui Dumnezeu Creatorul ce guvernează peste lume şi guvernează istoria omenirii şi univers?

Dumnezeu nu consideră credinţă adevărată dacă doar susţineţi „Isus este Mântuitorul". Trebuie să înţelegi cine este Isus Hristos, şi de ce El este singurul Mântuitor pentru tine, şi să ai credinţă adevărată având la bază acele cunoştinţe. Apoi, cu adevărata credinţă, puteţi realiza providenţa lui Dumnezeu ascunsă în cruce şi spovedeşte-te, „Domnul este Hristos şi Fiul Dumnezeului viu". Mai mult, poţi trăi conform poruncii lui Dumnezeu. Fără această credinţă adevărată, este foarte dificil pentru tine să ai credința ce vine din inimă și să trăiești conform cuvântului lui Dumnezeu. De aceea, așa cum Isus ne-a spus în Matei 7:21, *„Nu orișicine-Mi zice: Doamne, Doamne! Va intra în împărăția cerurilor, ci cel care face voia Tatălui Meu care este în ceruri"*. Isus a spus limpede că doar acele persoane care afirmă lui Isus „Doamne, Doamne" și care trăiesc după dorința și cuvântul lui Dumnezeu vor fi salvate.

Niciun alt nume în lume decât „Isus Hristos"

Faptele 4 descriu o scenă în care Petru și Ioan afirmă cu curaj numele lui Isus Hristos înaintea sinedriului. Ei credeau sincer că nu exista alt nume în afară de „Isus Hristos" prin care un om putea să fie mântuit, și Petru, care era plin cu Duhul Sfânt, a fost împuternicit să proclame că *„În nimeni altul nu este mântuire, căci nu este sub alt cer alt Nume dat oamenilor, în care trebuie să fim mântuiți"* (Faptele Apostolilor 4:12).

Ce implicații spirituale există în numele „Isus Hristos"? Și de ce Dumnezeu nu a dat alt nume decât Isus Hristos prin care putem fi mântuiți?

Diferența între „Isus" și „Isus Hristos"

Faptele Apostolilor 16:31 ne spun că: *„Crede în Domnul Isus și vei fi mântuit tu și casa ta"*. Există un motiv important pentru care se spune „Domnul Isus" și nu pur și simplu „Isus".

Aici „Isus" se referă la un om care va mântui poporul Său de păcatele lor. „Hristos" este un cuvânt grec ce înseamnă „Mesia" în ebraică. Este „cel care a fost uns" (Faptele 4:27) şi se referă la Mântuitor care este Mediatorul între Dumnezeu şi om. „Isus" este numele viitorului mântuitor, dar „Hristos" este numele Mântuitorului care deja a mântuit oameni.

În zilele Vechiului Testament, Dumnezeu a uns persoana care va fi rege, sau preot, sau proroc prin turnarea de ulei peste capul celui uns (Leviticul 4:3; 1 Samuel 10:1, Împăraţii 19:16). Uleiul simbolizează Duhul Sfânt. De aceea, a unge pe cineva înseamnă a da Duhul Sfânt persoanei alese de Dumnezeu.

Isus a fost uns ca Împărat, Căpetenie a Preoţilor şi Profet şi a venit în această lume trup pentru a mântui toţi oamenii potrivit providenţei lui Dumnezeu şi care a fost destinat înainte de începerea veacurilor. El a fost răstignit pentru a ne răscumpăra, şi a devenit Mântuitorul nostru prin învierea în cea de-a treia zi. Ca urmare, El este Mântuitorul care a desăvârşit providenţa mântuirii lui Dumnezeu. De aceea, El este Hristos.

La momentul dinaintea răstignirii ne referim la El cu „Isus". După răstignire şi reînviere, Lui ne adresăm cu „Isus Hristos", „Domnul Isus" sau „Domnul".

Trebuie să ştii că există o mare diferenţă a autorităţii între „Isus" şi „Isus Hristos". Isus este numele prin care El a fost numit înainte ca El să îndeplinească providenţa mântuirii, iar vrăjmaşului diavolul nu îi era aşa teamă de acest nume. Numele „Isus Hristos" implică următoarele trei lucruri: sângele care ne-a răscumpărat păcatele noastre, învierea care a înfrânt autoritatea morţii; şi viaţa care e veşnică. În faţa acestui nume, vrăjmaşul diavolul tremură în frică.

Multă lume neglijează acest lucru pentru că ei nu înțeleg această diferență. Deci, lucrarea lui Dumnezeu și răspunsul Lui vor fi diferite prin numele prin care Îl chemi (Faptele Apostolilor 3:6).

Atunci când te rogi la Dumnezeu în numele Domnului Isus Hristos și ții minte acest lucru, vei avea o viață victorioasă plină de răspunsuri imediate și bogate de la Dumnezeu cel Atotputernic.

Ascultarea totală a lui Isus

Deși Isus era Dumnezeu în structură, El nu a pus niciodată semnul egalității cu Dumnezeu și să ia sau să pretindă drepturile Sale ca fiind un Dumnezeu. El nu a făcut nimic; a luat umila poziție de rob și a apărut sub forma unei ființe umane.

Un rob bun nu are propria lui voință. El lucrează conform voinței stăpânului în loc de cea de a lui. Este datoria unui rob să asculte voința stăpânului indiferent că e sau nu în conformitate cu voința sau simțirile sale. Isus a ascultat voința lui Dumnezeu cu inima unui rob bun, și așa a îndeplinit misiunea Lui de mântuire a omenirii.

Dumnezeu L-a preamărit pe Isus, care I-a urmat voința spunând „Da" și „Amin" în cel mai înalt loc și a lăsat multă lume să I se confeseze că El e Domnul.

De aceea și Dumnezeu L-a înălțat foarte sus și I-a dat
Numele care este mai presus de orice nume, pentru ca în

Numele lui Isus să se plece orice genunchi al celor din ceruri, de pe pământ şi de sub pământ, şi orice limbă să mărturisească, spre slava lui Dumnezeu Tatăl, că Isus Hristos este Domn (Filipeni 2:9-11).

Numele „Domnul Isus" mărturiseşte puterea lui Dumnezeu

Este spus în Ioan 1:3, *„Toate au fost făcute prin El şi nimic din ce a fost făcut, n-a fost făcut fără El"*. Aşa cum toate lucrurile din lume au fost create prin Isus, El are autoritatea să domnească peste toate lucrurile ca Creator. Atunci când Isus Fiul lui Dumnezeu Creatorul a poruncit, lucrurilor fără viaţă precum valurile uriaşe şi valurile L-au ascultat şi s-au calmat, tot aşa smochinul s-a veştejit imediat ce L-a blestemat.

Isus avea puterea să ierte păcatele şi să mântuiască păcătoşii de la pedeapsa păcatelor lor. Aşa cum Isus I-a vorbit unui paralitic în Matei 9:2, *„ Îndrăzneşte fiule. Păcatele îţi sunt iertate"* şi a spus în versetul 6, *„dar ca să ştiţi că Fiul Omului are putere pe pământ să ierte păcatele, „Scoală-te" a zis El paraliticului „ridică-ţi patul şi du-te acasă".*

În plus, Isus avea puterea să vindece toate bolile şi deficienţele, şi să reînvie morţii. Ioan 11 descrie o scenă în care omul mort Lazăr, a ieşit din mormânt cu mâinile şi picioarele înfăşurate cu benzi de pânză atunci când Isus l-a strigat cu voce tare, „Lazăr, vino afară". Era mort de patru zile şi exista un miros urât, dar el a păşit afară din mormânt ca un om sănătos.

Tot aşa, Isus îţi dă orice ceri cu credinţă, pentru că El are minunata putere a lui Dumnezeu.

Isus Hristos, iubirea lui Dumnezeu

Aşa cum e spus în 1 Ioan 4:10, *„În aceasta e iubirea, nu în faptul că nu am iubit pe Dumnezeu, ci că El ne-a iubit pe noi şi a trimis pe Fiul Său ca ispăşire pentru păcatele noastre”.* Dumnezeu ne-a arătat uimitoarea Lui iubire pentru noi. Şi-a trimis unicul Său Fiu ca sacrificiu al ispăşirii când existau încă păcătoşi. Dumnezeu a trebuit să îndure mare durere şi a deschis calea mântuirii omenirii când Fiul Său Isus a fost pironit pe cruce şi Şi-a vărsat sângele. Cum s-a simţit Dumnezeul iubirii când a trebuit să vadă pe singurul şi unicul Său Fiu Isus răstignit? Dumnezeu nu a fost capabil să şeadă în tronul Său. Matei 27:51-54 ne spune cât de mult a suferit Dumnezeu când Isus a fost răstignit.

> *Şi iată, perdeaua templului s-a rupt în două, de sus până jos, pământul s-a cutremurat, stâncile s-au despicat, mormintele s-au deschis; şi multe trupuri ale sfinţilor care muriseră au înviat. Ei au ieşit din morminte, după învierea Lui, au intrat în sfânta cetate şi s-au arătat multora. Sutaşul şi cei ce păzeau pe Isus împreună cu el, văzând cutremurul de pământ şi cele întâmplate, s-au înfricoşat foarte tare şi au zis: „Cu adevărat Acesta a fost Fiul lui Dumnezeu!”*

Asta arată limpede că Isus a fost răstignit nu pentru propriile

Sale păcate ci pentru marea iubirea a lui Dumnezeu ca să mâne toți oamenii pe calea mântuirii. Totuși, atâția oameni nu acceptă sau nu înțeleg uimitoarea iubire a lui Dumnezeu.

După neascultarea lui Adam, oamenii nu au mai putut fi cu Dumnezeu și au devenit oameni păcătoși prin natura lor. Dar, Isus a venit pe pământ și a devenit Mediator între Dumnezeu și noi, pentru ca El să poată să dea binecuvântarea lui Emanuel pentru toți oamenii (Matei 1:23). Prin durerea și suferințele lui Isus pe cruce am câștigat adevărata pace și liniște.

De aceea, sper să înțelegi marea iubire a lui Dumnezeu care și-a dăruit unicul Său Fiu ca recompensă pentru răscumpărarea noastră de păcate și moartea veșnică, și iubirea de sacrificiu a Domnului care fiind fără de păcat, a fost răstignit în locul nostru și a deschis calea mântuirii.

Capitolul 6

PROVIDENŢA CRUCII

- Născut într-un staul şi crescut în iesle
- Viaţa lui Isus în sărăcie
- Biciuit şi vărsându-Şi sângele
- Purtând coroana de spini
- Hainele şi cămaşa lui Isus
- Pironit în mâini şi picioare
- Picioarele lui Isus nu s-au frânt
  dar coasta I-a fost străpunsă

Desigur, El suferinţele noastre le-a purtat şi durerile noastre le-a luat asupra Lui; şi noi am socotit că este pedepsit, lovit de Dumnezeu şi smerit. Dar El era străpuns pentru nelegiuirile noastre, zdrobit pentru fărădelegile noastre. Pedeapsa care ne dă pacea era peste El, şi prin rănile Lui suntem vindecaţi. Noi rătăceam cu toţii ca nişte oi, fiecare îşi vedea de drumul lui; dar DOMNUL a făcut să cadă asupra Lui nelegiuirea noastră a tuturor.

Isaia 53:4-6

În planul lui Dumnezeu de a avea copii adevărați, cea mai importantă parte este că Isus a venit trup pe această lume, a fost chinuit de toate suferințele și a murit pe cruce. Prin toate astea El a săvârșit calea pentru mântuirea oamenilor.

Providența crucii lui Dumnezeu are un înțeles spiritual adânc. Isus, singurul și unicul Fiu al lui Dumnezeu lepădându-se de gloria cerească, născut într-un staul cu animale și având întreaga viață trăită în sărăcie.

În plus, El a fost biciuit și a avut mâinile și picioarele pironite, a purtat o coroană de spini și Și-a vărsat sângele și apa având coastele străpunse de o lance. Fiecare suferință trăită de Isus conține iubirea copleșitoare a lui Dumnezeu.

Când vei înțelege pe deplin înțelesul spiritual al crucii și suferințele lui Isus, inima ta cu siguranță va fi mișcată la iubirea lui Dumnezeu și vei avea credință adevărată. Poți de asemenea primi răspunsuri la toate necazurile din viața ta precum sărăcia și bolile, precum și împărăția veșnică a cerurilor.

Născut într-un staul și crescut în iesle

Isus, având caracterul lui Dumnezeu, era stăpânul tuturor lucrurilor din ceruri și pământ și era cea mai slăvită ființă. Totuși, a venit trup pe această lume pentru a răscumpăra oamenii de păcate şi a-i conduce spre mântuire.

Isus este unicul şi singurul Fiu al lui Dumnezeu cel Atotputernic Creatorul. De ce nu S-a născut într-un loc luxos sau cel puţin într-o cameră confortabilă? Nu putea să facă Dumnezeu să se nască într-un loc superb? De ce a făcut ca Isus să se nască într-un staul şi să crească într-o iesle?

Există un înţeles spiritual profund în asta. Trebui să ştii că Isus s-a născut spiritual în cel mai glorios fel. Chiar dacă oamenii nu puteau să vadă cu ochii lor, Dumnezeu era atât de fericit de naşterea lui Isus încât L-a înconjurat pe pruncul Isus cu luminile slavei în prezenţa musafirilor cereşti şi a îngerilor. Poţi simţi din bucuria Lui din Luca 2:14 care înregistrează următoarele: ,,*Slavă lui Dumnezeu în locurile prea înalte şi pace pe pământ între oamenii plăcuţi Lui*". Dumnezeu de asemenea a pregătit păstori buni şi magii de la răsărit şi I-a condus să-l slăvească pe pruncul Isus.

Toate rugăciunile şi slujba au avut loc pentru că Isus le va deschide poarta spre mântuire cu venirea Sa în această lume, multă lume va intra în raiul veşnic ca copii ai lui Dumnezeu, şi Isus Fiul lui Dumnezeu va fi Împăratul Împăraţilor şi Domnul Domnilor.

Providenţa lui Dumnezeu ascunsă în naşterea lui Isus

Când s-a născut Isus, Cezar Augustus a emis un decret ca un recensământ să fie făcut în întregul Imperiu Roman. Poporul evreu era sub orânduirea colonială a Romei şi au mers înapoi în oraşele lor ca să fie consemnaţi, ţinând seama de porunca lui Cezar.

Iosif de asemenea a mers cu logodnica lui Maria din oraşul Nazaret în Galileea în Betlem oraşul lui David, pentru că aparţinea casei şi liniei lui David. Maria era logodită cu Iosif şi a conceput un prunc cu Duhul Sfânt înainte ca ei să meargă acolo, şi a dat naştere primului născut Isus cât timp au stat acolo.

Numele de „Betleem" înseamnă „Casa Pâinii" şi a fost oraşul de baştină a Regelui David (1 Samuel 16:1). Mica 5:2 scrie de oraşul Betleem după cum urmează: „*Şi tu Betleeme Efrata, măcar că eşti prea mic între miile lui Iuda, totuşi din tine Îmi va ieşi Cel care va stăpâni în Israel şi a cărui origine este din timpuri străvechi, din zilele veşniciei*". Betleem a fost profeţit ca locul naşterii Mesiei.

Atunci nu era nicio cameră libera la niciun han pentru Maria şi Iosif, pentru că mii de oameni veneau la Betleem să fie luaţi în evidenţă. Acolo, Maria l-a născut pe prunc într-un staul. L-a înfăşurat în scutece şi L-a aşezat în iesle, un rezervor mare de unde mâncau vacile şi caii.

De ce atunci, Isus, care a sosit ca mântuitor al oamenilor, s-a născut într-un loc atât de umil şi modest?

Să răscumperi animalele ca oamenii

Ecelziastul 3:18 spune „*Am zis în inima mea că acestea se întâmplă numai pentru fiii oamenilor, ca Dumnezeu să-i încerce şi pe ei înşişi să vadă că nu sunt decât nişte animale*".

Oamenii, care au pierdut imaginea lui Dumnezeu, sunt ca animalele în ochii lui Dumnezeu. Primul om, Adam a fost la început o ființă creată în imaginea lui Dumnezeu. Era de asemenea un om al sufletului pentru că Dumnezeu L-a învățat doar cuvântul adevărului.

Dar, Adam a mâncat fructul pomului cunoștinței binelui și răului, împotriva poruncii lui Dumnezeu, așa că sufletul său a murit și nu mai putea comunica cu Dumnezeu. În plus, nu mai era domnul tuturor creaturilor. Satana l-a împins pe Adam să urmeze natura păcatului, iar inima sa pură și plină de adevăr s-a schimbat într-una impură și plină de neadevăr.

În viața ta de zi cu zi, uneori poate ai auzit expresia „Nu e mai bun ca un animal". Adesea auzi persoane care nu sunt mai bune ca animalele prin intermediul mass media. Pentru propriile lor beneficii, ei ușor dezamăgesc și înșeală vecinii, clienții, prietenii și membrii familiei. Părinții și copiii îi urăsc și uneori sunt chiar gata să-i omoare.

Oamenii îndrăznesc asemenea fapte rele pentru că sufletul a devenit stăpânul omului de la moartea sufletului, și ei au pierdut imaginea lui Dumnezeu din cauza păcatelor lor. Ca animalele ce sunt făcute din trup și suflet, asemenea persoane nu pot intra în rai și nici să-l cheme Dumnezeu Ava Tatăl. Isus s-a născut într-un staul pentru a răscumpăra oamenii care nu sunt mai vrednici ca animalele.

Isus este adevărata hrană spirituală

Isus a fost așezat în iesle, un rezervor de hrană pentru cai, pentru a fi o adevărată hrană spirituală pentru oameni care nu sunt mai vrednici ca animalele (Ioan 6:51).

Cu alte cuvinte a fost o providență divină ca să conducă omul pentru a termina mântuirea prin îngăduința de a recupera imaginea pierdută a lui Dumnezeu și de a îndeplini întreaga datorie a omului. Ce e atunci datoria întreagă a omului? Ecleziastul 12:13-14 asigură anumite priviri interioare:

> *Să ascultăm încheierea tuturor învățăturilor: Teme-te de Dumnezeu și păzește poruncile Lui. Aceasta este datoria oricărui om. Căci Dumnezeu va aduce orice faptă la judecată, împreună cu orice lucru ascuns, fie bine, fie rău.*

Ce înseamnă „teme-te de Dumnezeu"? Proverbele 8:13 ne spun că „*Să te temi de DOMNUL este să urăști răul*". Deci, a te teme de Dumnezeu înseamnă să nu mai accepți răul și în același timp să lași deoparte orice rău dinlăuntrul inimii tale.

Dacă într-adevăr te temi de Dumnezeu, trebuie să faci totul pentru a te lepăda de orice fel de rău, și să te străduiești să nu păcătuiești, să-l izgonești până la punctul de a-ți vărsa sângele. Precum studenții care învață din greu pentru un viitor mai bun, trebuie să faci totul să te temi de Dumnezeu și să îți îndeplinești întreaga datorie de om pentru a te bucura de iubirea și binecuvântarca lui Dumnezeu.

În Biblie, poți găsi porunci ale lui Dumnezeu date copiiilor Săi precum „fă asta; nu fă aia, păstrează asta, leapădă asta". Pe de o parte, Dumnezeu ne zice că ceea ce copiii lui Dumnezeu ar trebui să facă este „să se roage, iubească, mulţumească şi multe altele". Pe de altă parte, Dumnezeu ne porunceşte să nu facem lucruri care duc spre moarte precum ura, adulterul şi beţia.

De asemenea ne spune să urmăm anumite porunci, precum „Ţine Sabatul ca zi sfântă", „Ţine-ţi promisiunile". Dumnezeu ne cere de asemenea să ne lepădăm de ceva rău spunând, „Evită orice fel de rău", „Leapădă-te de lăcomie" şi aşa mai departe.

Este de datoria unui om să se teamă de Dumnezeu şi să respecte poruncile Sale. Dumnezeu ne va face responsabili pentru fiecare din faptele noastre la Ziua Judecăţii, fiecare lucru ascuns, fie bun sau rău. Astfel, când trăieşti ca un animal fără a-ţi îndeplini întreaga datorie de om, este normal ca să cazi în iad, ca rezultat al judecăţii lui Dumnezeu.

De asemenea, Isus s-a născut într-un staul şi a fost aşezat în iesle pentru a răscumpăra omul, care nu e mai vrednic ca animalul şi ca să devină adevărată hrană spirituală pentru ei.

Viaţa lui Isus în sărăcie

Ioan 3:35 spune: „ *Tatăl iubeşte pe Fiul şi a dat toate în mâna Lui"*, În Coloseni 1:16 se spune, *„pentru că prin El au fost create toate lucrurile, cele care sunt în ceruri, şi pe pământ, cele văzute şi cele nevăzute, fie scaune de domnii, fie domnii, fie căpetenii, fie autorităţi. Toate lucrurile au fost create prin El şi pentru El"*. Cu alte cuvinte, Isus este singurul Său Fiu şi Domnul tuturor lucrurilor din ceruri şi de pe pământ.

De ce atunci, El a venit în această lume într-o situaţie umilă şi modestă și a trăit în sărăcie, deși El era Dumnezeu Atotputernicul și era în toate privințele bogat?

Să eliberezi oamenii de sărăcie

2 Corinteni 8:9 spune, *„Căci cunoașteți harul Domnului nostru Isus Hristos. El, măcar că era bogat, S-a făcut sărac pentru voi, pentru ca prin sărăcia Lui, voi să vă îmbogățiți".* Providența acestei iubiri uimitoare ale lui Dumnezeu este manifestată în asta. Isus, deși era Împăratul Împăraților, Domnul domnilor și unicul Fiu al lui Dumnezeu Creatzorul, a renunțat la toată slava cerească, a venit pe această lume și a trăit în sărăcie îndurând disprețul și tratamentul urât al oamenilor pentru a elibera oamenii de sărăcie.

La început, Dumnezeu a creat omul pentru a lua fructele și a le mânca fără sudoare și să se bucure de o viață prosperă fără trudă dificilă. Dar, după ce primul om, Adam nu a dat ascultare cuvântului lui Dumnezeu și a fost corupt, omul putea să-și mănânce hrana doar prin trudă dureroasă cu sudoarea frunții lui. Din cauza asta, omul adesea trăiește în lipsuri și sărăcie.

Sărăcia în sine nu e un păcat, așa că Isus nu și-a vărsat sângele pentru a ne elibera de sărăcie. Dar sărăcia este un blestem manifestat după neascultarea lui Adam, deci Isus te-a făcut bogat El trăind în sărăcie.

Unii spun că viața îndelung săracă a lui Isus înseamnă sărăcie sufletească. Dar pentru că Isus a fost conceput prin Duhul Sfânt și este una cu Dumnezeu Tatăl, nu este drept să gândești că sufletește e sărac.

Trebui să ții minte că Isus a trăit în sărăcie pentru a te elibera pe tine de sărăcie, ca să ai o viață bogată cu recunoștință pentru iubirea și harul lui Dumnezeu.

Unii spun că e greșit să cauți bani în rugăciuni. Alții cred că dacă ești un creștin trebuie să trăiești în sărăcie. Dar asta nu este deloc dorința lui Dumnezeu.

În Biblie, poți citi multe cuvinte de binecuvântare. De exemplu, poți citi în Deuteronomul 28:2-6 că:

Toate binecuvântările care vor veni peste tine și de care vei avea parte, dacă vei asculta de glasul DOMNULUI Dumnezeului tău: Vei fi binecuvântat în cetate și vei fi binecuvântat la câmp. Rodul pântecelui tău, rodul pământului tău, rodul turmelor tale, vițeii cirezilor tale și înmulțirea oilor tale, toate acestea vor fi binecuvântate. Coșnița și covata ta vor fi binecuvântate. Vei fi binecuvântat la venirea ta și la plecarea ta.

3 Ioan 1:2 ne solicită, „*Preaiubitule, doresc ca în toate să-ți meargă bine și să fii sănătos, tot așa cum îi merge bine și sufletului tău*". De fapt, oamenii aleși de Dumnezeu precum Avraam, Isac, Iacov, Iosif și Daniel toți au avut vieți îmbelșugate.

Să ai o viață bogată

În dreptatea Sa, Dumnezeu te face să aduni ceea ce semeni. Precum părinții doresc să le ofere doar lucruri bine copiiilor lor, Dumnezeul tău iubitor dorește să îți dea orice ceri în credință

(Marcu 11:24).

Dumnezeu dorește să-ți dea răspunsuri și binecuvântări, nu poți primi nimic dacă nu ceri sau când ceri fără discernământ. Deci, dacă dorești să aduni ceva fără să semeni nimic, înseamnă că batjocorești pe Dumnezeu și mergi împotriva legii spirituale.

Unii ar putea spune „Doresc să semăn, dar nu pot pentru că sunt prea sărac". Totuși, în Biblie poți găsi multe persoane care au fost foarte sărace, dar au făcut tot ceea ce e mai bine și au fost binecuvântate cu bogăție ca răsplată.

În Cartea întâi a Împăraților 17, găsim că a existat o foamete de trei ani și jumătate în țară. Cât încă era foametea, o văduvă din Sarepta din Sidon a făcut o mică turtă de pâine pentru profetul Ilie cu un pumn de făină într-o oală și puțin untdelemn într-un urcior, căci asta era tot ce avea. Dumnezeu a fost atât de mulțumit de ea servindu-l pe robul Său încât a binecuvântat-o cu belșug: oala cu făină nu se mai termina, iar untdelemnul din urcior nu se va goli până când Dumnezeu nu va da ploaie în țară (1 Împărații 17:14).

Cu o ocazie pe timpul lui Isus, o văduvă săracă a pus două monede de valoare foarte mică în vistieria templului. Cu toate astea, Isus a lăudat-o, spunând că văduva săracă a pus mai mult ca alții. Asta pentru că și-a dat tot ce avea, în timp ce alții au dat doar o mică parte din ceea ce aveau (Marcu 12:43-44).

Cel mai important lucru este faptul că te gândești să oferi ceva lui Dumnezeu. Dumnezeu nu știe cantitatea a ceea ce oferi, dar miroase aroma de mulțumire a iubirii și credinței conținută în ofranda și te binecuvântează din belșug.

Biciuit şi vărsându-Şi sângele

Înainte de răstignire, soldaţii romani L-au batjocorit şi L-au tratat cu dispreţ pe Isus, lovindu-L peste faţă, scupându-L, şi aşa mai departe. De asemenea L-au biciut cu un bici lung din fâşii de piele cu bucăţi ascuţite la capătul biciului.

În acele vremuri, soldaţii romani era dintre cei mai solizi, disciplinaţi, a celei mai puternice armate din lume. Cât de mare a putut fi durerea atunci când I-au dat hainele jos şi L-au biciuit. Atunci când Îi biciuiau trupul cu biciul, carnea Sa se desprindea, oasele ieşeau la iveală iar sângele ţâşnea afară.

Pentru a îndeplini prorocirea lui Isaia „*Mi-am dat spatele înaintea celor ce Mă loveau şi obrajii înaintea celor ce Îmi smulgeau barba; nu Mi-am ascuns faţa de insulte şi de scuipări*" (Isaia 50:6). Isus niciodată nu S-a ascuns de la a fi biciuit.

Să vindece dureri şi boli

De ce a fost atunci Isus biciuit cu biciul şi de ce Şi-a vărsat sângele Său? De ce a lăsat Dumnezeu să se întâmple asta Fiului Lui? Isaia 53 explică motivul suferinţelor lui Isus şi durerea.

Dar El era străpuns pentru nelegiuirile noastre, zdrobit pentru fărădelegile noastre. Pedeapsa care ne dă pacea era peste El, şi prin rănile Lui suntem vindecaţi. Noi rătăceam toţi ca nişte oi, fiecare îşi vedea de drumul lui; dar DOMNUL a făcut să cadă asupra Lui nelegiuirea noastră a tuturor (Isaia 53:5-6).

Isus a fost străpuns și zdrobit pentru nelegiuirile și fărădelegile noastre. El a fost pedepsit, biciuit și Și-a dat sângele pentru a-ți da pacea și a te elibera de toate bolile.

În Matei 9, când Isus vindecă un paralitic ce ședea pe o rogojină, El mai întâi a rezolvat problema păcatului zicând, „Păcatele tale sunt iertate". Doar atunci Isus i-a spus lui să se ridice „Ridică-te, ia-ți patul și du-te acasă".

În Ioan 5, după ce Isus a vindecat pe unul ce era invalid de peste 38 de ani, El I-a spus *„Iată, te-ai făcut sănătos; de acum să nu mai păctuiești, ca să nu ți se întâmple ceva mai rău"* (Ioan 5:14).

Biblia îți spune că bolile au venit asupra ta din cauza păcatelor tale. Așa că ai nevoie de cineva care să rezolve problema păcatelor tale, să fii eliberat de boli. Fără vărsare de sânge, totuși, nu poate exista iertare (Leviticul 17:11).

De aceea, pe timpul Vechiului Testament, când cineva comitea un păcat, preotul sacrifica un animal ca un sacrificiu al ispășirii. Dar, nu mai e nevoie să sacrifici animale ca ofrandă adusă lui Isus ce a venit trup pe această lume și Și-a dat sângele Său fără de păcat, nepătat și puternic. Sângele sfânt al lui Isus ne-a ispășit pe toți de păcatele de ieri, de azi și cele viitoare chiar.

Să alungi infirmitățile și bolile

În Matei 8:17 se spune *„Ca să se împlinească ce fusese spus prin prorocul Isaia, care zice: El a luat asupra Lui neputințele* *noastre şi a purtat bolile noastre"*. Deci, dacă ştii de ce Isus a fost biciuit şi Ţi-a dat sângele, şi crezi în asta, atunci nu mai e nevoie să suferi de infirmităţi şi boli.

În 1 Petru 2:24 se spune: *„El a purtat păcatele noastre în trupul Său, pe lemn, pentru ca noi, fiind morţi faţă de păcate, să trăim pentru dreptate; prin rănile Lui aţi fost vindecaţi"*. Este folositul timpul prezent în acest verset pentru că Isus deja ne-a răscumpărat nouă oamenilor, toate păcatele.

Indiferent de faptul că se crede că Isus a purtat infirmităţile şi bolile noastre prin biciuirea şi vărsarea Lui de sânge, de ce totuşi unii dintre noi suferă de boli?

Dumnezeu în Exodul 15:26 spune: *„Dacă vei asculta cu luare aminte glasul DOMNULUI, Dumnezeului tău, dacă vei face ce este drept în ochii Lui, dacă îţi vei îndrepta urechea spre poruncile Lui, nu te voi lovi cu niciuna din bolile cu care am lovit pe egipteni; căci Eu sunt DOMNUL care te vindecă"*. Asta înseamnă că dacă faci ceea ce e drept în ochii lui Dumnezeu, nicio boală nu te va atinge, pentru că Dumnezeu cu ochii Săi precum o văpaie mistuitoare te va proteja de ele.

Să luăm un exemplu. Atunci când un copil vine acasă plângând pentru că a fost bătut de copilul vecinului, răspunsul părinţilor şi comportamentul lor în faţa unui asemenea incident poate fi foarte diferit, depinzând de credinţa lor.

Un părinte ar putea să-şi înveţe copilul cam aşa: „De ce iei mereu bătaie? Dacă eşti bătut o dată, mai bine îl loveşti înapoi de două sau de trei ori". Un alt părinte ar putea vizita părintele copilului care l-a bătut pe copilul său şi să se plângă de asta. Alţi părinţi ar putea să nu procedeze în niciun fel, fiind foarte nervoşi și indiganți în inima lor.

Totuși, Dumnezeu îți spune să depășești răul cu bunătate, să-ți iubești până și dușmanii, și să cauți pacea cu fiecare, spunând, *„Dar Eu vă spun: Să nu vă împotriviți celui care vă face rău; ci oricui te lovește peste obrazul drept, întoarce-i și pe celălalt"* (Matei 5:39).

Deci dacă faci ceea ce e drept în ochii Lui, nu va fi dificil pentru tine să respecți poruncile lui Dumnezeu. Atunci când te rogi și faci ce e mai bine, harul lui Dumnezeu și puterea Lui vor veni asupra ta și vei putea face totul foarte ușor cu ajutorul Duhului Sfânt.

Dacă te lepezi de păcate și faci ceea ce e drept în ochii lui Dumnezeu, bolile nu vor putea veni asupra ta. Chiar dacă vine o boală asupra ta, Dumnezeu Vindecătorul te va ierta de păcatele tale și te va vindeca complet atunci când încerci să găsești ceea ce e greșit în ochii lui Dumnezeu și te căiești din inimă.

Chair dacă te confesezi cu gura ta că Dumnezeu este atotputernic dacă te bazezi pe lume sau mergi la un spital când ai o problemă, sau o boală, Dumnezeu nu e mulțumit de tine pentru că aceasta demonstrează că nu crezi cu adevărat în Dumnezeu cel Atotputernic (2 Cronicile 16).

Purtând coroana de spini

O coroană este de fapt purtată de un împărat cu veșmântul său împărătesc. Deși Isus a fost unicul și singurul Fiu al lui Dumnezeu, Împărat al împăraților și Domnul domnilor, El a purtat o coroană făcută din spini lungi și tari în locul unei coroane frumoase din aur, argint și bijuterii.

Atunci ostașii guvernatorului au dus pe Isus în pretoriu și au adunat toată cohorta în jurul Lui. L-au dezbrăcat de hainele Lui și L-au îmbrăcat cu o haină stacojie. Au împletit o cunună de spini, pe care I-au pus-o pe cap, și I-au pus o trestie în mâna dreaptă. Apoi îngenuncheau înaintea Lui, își băteau joc de El și ziceau: Plecăciune, „Împăratul Iudeilor!" Și scuipau asupra Lui și luau trestia și-L băteau peste cap. (Matei 27:27-30).

Soldații romani au împletit spinii împreună ca să creeze o coroană prea mică pentru Isus și I-au pus-o ferm pe cap. Așa că spinii au străpuns capul și fruntea Sa, iar sângele a țâșnit pe fața Lui. De ce Dumnezeu cel Atotputernic a permis asta unicului și singurului Său Fiu, să poarte o coroană de spini, să sufere de pedeapsa dureroasă, și să-Și verse sângele?

Mai întâi, Isus a purtat coroana de spini pentru a ne răscumpăra de păcatele noastre ce le-am comis în gând

Când omul, creat de Dumnezeu, a comunicat cu El și I-a urmat Cuvântul, el nu a comis un păcat pentru că mereu se gândea conform dorinței lui Dumnezeu și o respecta.

Totuși, atunci când a fost amăgit de șarpe și a primit gândul

Satanei, el curând a comis un păcat. Nu s-a gândit niciodată să mănânce din fructul pomului cunoştinţei binelui şi răului. După ce a fost amăgit, el totuşi l-a mâncat pentru că i se părea bun de mâncat şi că era plăcut vederii şi pentru că era bun pentru înţelepciune.

Tot aşa, Satana, care a condus pentru prima oară pe Adam şi Eva să nu-l asculte pe Dumnezeu, acum lucrează să te împingă să comiţi păcate în gând.

În creierul omenesc, există celule responsabile cu memorarea. Încă de la naştere, ceea ce ai văzut, auzit şi învăţat au fost stocate în celulele de memorie împreună cu emoţiile tale pentru fiecare eveniment, persoană şi informaţie. Noi numim asta „cunoaştere". Ceea ce numim „gând" este un proces de reproducere a cunoştinţelor înmagazinate prin lucrarea sufletului tău.

Oamenii au crescut în medii diferite. Ceea ce ei au văzut, auzit şi învăţat este diferit de la unul la altul, iar ceea ce s-a memorat în creierul lor e de asemenea diferit. Chiar dacă ceea ce au văzut, auzit şi învăţat e identic, fiecare are propriile sale simţăminte, aşa că e inevitabil că oamenii au valori diferite.

Cuvântul lui Dumnezeu nu este adesea în concordanţă cu cunoştinţele şi teoriile tale. De exemplu, ai putea să te gândeşti că dacă doreşti să fii înflăcărat, trebuie să faci toţi paşii sa câştigi în faţa celorlalţi. Dar, Dumnezeu te învaţă că nimeni care e umil nu va fi înflăcărat (Matei 23:12).

Majoritatea oamenilor cred că este foarte natural să îţi urăşti duşmanul, dar Dumnezeu Îţi spune „Iubeşte-ţi vrăjmaşul" şi dacă „Vrăjmaşului tău îi e foame, hrăneşte-l; dacă îi e sete, dă-i ceva să bea".

Gândurile lui Dumnezeu sunt spirituale, dar gândurile oamenilor sunt trupeşti. Satan îţi dă gânduri trupeşti căci el încearcă sa-L evite pe Dumnezeu, te distrage de la a avea credinţă adevărată şi te conduce să urmezi căile lumeşti, ce în final te duc spre păcat şi moarte veşnică.

În Matei, şi versetele următoare, Isus explică discipolilor Săi că El că va îndura multe lucruri, că va fi omorât pe cruce şi că va reînvia la viaţă în a treia zi. La auzul ăsta, Petru L-a luat pe Isus deoparte şi L-a mustrat, zicându-I: *„Să te ferească Dumnezeu, Doamne! Să nu ţi se întâmple aşa ceva!"* (versetul 22). Şi Isus s-a întors şi I-a spus furios lui Petru, *„Înapoia Mea, Satan! Tu eşti o piatră de poticnire pentru mine, căci gândurile tale nu sunt la lucrurile lui Dumnezeu, ci la cele ale oamenilor"* (versetul 23). Când Isus I-a spus furios *„Înapoia Mea, Satan"*, El nu s-a referit că Petru era Satana, ci că era Satana însuşi ce lucra gândurile lui Petru pentru a ascunde lucrarea lui Dumnezeu.

Asta pentru că Isus trebuia să poarte crucea pentru mântuirea omenirii în conformitate cu dorinţa lui Dumnezeu, dar Petru a încercat să-L împiedice din voinţa lui Dumnezeu cu gândurile sale trupeşti.

Apostolul Pavel scrie în 2 Corinteni 10:3-6 după cum urmează:

> *Măcar să trăim în trup, totuşi nu ne luptăm potrivit firii păcătoase. Căci armele cu care ne luptăm noi nu sunt ale firii păcătoase, ci sunt puternice, datorită lui Dumnezeu, ca să dărâme întăriturile. Noi răsturnăm*

rationamentele și orice înălțime care se ridică împotriva
cunoștinței lui Dumnezeu; și orice gând îl facem rob
ascultării de Hristos. Îndată ce ascultarea aceasta din
partea voastră va fi deplină, suntem gata să răzbunăm
orice neascultare.

Trebuie să dărâmi propriile tale argumente și raționamente,
care sunt făcute și adeseori lucrează împotriva împărăției lui
Dumnezeu. Ține captiv orice gând ca să-l faci ascultător pe
Hristos, pentru a trăi conform adevărului, și apoi vei deveni o
persoană a spiritului și credinței.

Trebuie să te lepezi de gândul că trebuie să lovești de două ori
înapoi pentru a nu fi dizgrațiat atunci când ești lovit, pentru că
acest gând trupesc este împotriva adevărului.

De aceea, trebuie să abandonezi toate păcatele venind dinspre
gândurile tale. Pentru a rezolva problema păcatelor complet, mai
întâi trebuie să renunți la poftele trupești, poftele ochilor tăi, și la
fala vieții. Acestea sunt gânduri neadevărate care-l încântă pe
Satană.

Plăcerile trupești, care sunt gândurile ce apar în mintea lui,
sunt dorințe împotriva dorinței lui Dumnezeu. Galatenii 5:19-
21 prezintă asemenea plăceri:

Și faptele firii păcătoase sunt cunoscute și sunt:
adulter, desfrânare, necurăție, destrăbălare, idolatrie,
vrăjitorie, vrăjmășii, certuri, gelozii, mânii, neînțelegeri,
dezbinări, secte, invidii, ucideri, beții, petreceri
dezmățate și alte lucruri asemănătoare cu acestea. Vă

*spun mai dinainte, cum am mai spus, că cei care fac
astfel de lucruri nu vor moşteni împărăţia lui
Dumnezeu.*

Dorinţa cea mai mare a lui Dumnezeu este să te lepezi de
plăcerile trupeşti.

Plăcerea în ochii cuiva înseamnă că mintea aceluia devine
puternic influenţată de ceea ce vede şi aude şi începe să urmeze
dorinţele care s-au născut în mintea lui. Atunci când cineva
iubeşte lumea căutând plăcerile ochilor săi, doar aceste dorinţe
par a fi valoroase, iar el nu poate fi mulţumit de nimic.

O minte lăudăroasă se naşte într-o persoană atunci cînd
cineva devine posedat de plăcerea lumească şi caută satisfacerea
poftelor unui om păcătos şi a plăcerilor ochilor săi. Aceasta e
numită fala vieţii.

Pentru ca Isus să ne răscumpere de toate imoralităţile,
fărădelegile şi rău, El a purtat a coroană de spini şi Şi-a dat
sângele. De vreme ce doar sângele fără de păcat şi nepătat al lui
Isus ne poate răscumpăra de păcatele noastre, El ne-a
răscumpărat de toate păcatele noastre comise în gândurile
noastre prin purtarea coroanei de spini pe capul Său şi vărsându-
Şi sângele.

Mai apoi, Isus a purtat coroana de spini pentru a permite oamenilor să poarte coroane mai bune în rai

Un alt motiv pentru care Isus a purtat coroana de spini este ca
să ne lase să obţinem coroane mai bune. Aşa cum El te-a eliberat

de sărăcie și ți-a dat bogăția având o viață săracă, tot așa El a purtat coroana de spini ca să te lase să ai coroane mai bune în rai.

Sunt nenumărate coroane pregătite pentru copiii lui Dumnezeu în rai. Există premii precum, medalii de aur, argint și bronz date învingătorilor în competițiile sportive. Tot așa există diferite coroane în rai.

Există o coroană nepieritoare așa cum e descrisă în 1 Corinteni 9:25: *„Oricine se luptă la jocuri este supus înfrânării în toate lucrurile. Și ei fac lucrul acesta ca să obțină o cunună care se poate veșteji; dar noi, una care nu se poate veșteji".* O coroană nepieritoare este pregătită pentru copiii lui Dumnezeu care se străduiesc să înlăture păcatele lor. *Coroana slavei* este pregătită pentru aceia care înlătură păcatele lor și trăiesc conform cuvântului lui Dumnezeu și-L slăvesc (1 Petru 5:4). *Coroana vieții* este de asemenea pregătită pentru aceia care îl iubesc pe Dumnezeu, și Îi sunt credincioși până la punctul de a muri, și devin sfinți prin înlăturarea oricărui rău. (Iacov 1:12; Apocalipsa 2:10).

Coroana dreptății este dată aceluia care, precum apostolul Pavel, a devenit sfânt prin renunțarea la toate păcatele și mai mult, să-și îndeplinească misiunea complet conform dorinței lui Dumnezeu (2 Timotei 4:8).

De asemenea descrie în Apocalipsa 4:4 că *„Și în jurul scaunului de domnie erau douăzeci și patru de scaune de domnie și pe aceste scaune de domnie stăteau douăzeci și patru de bătrâni, îmbrăcați în haine albe, și pe capete aveau cununi de aur."* Coroana de aur este pregătită pentru persoanele care ating nivelul unui bătrân și care-l vor însoți pe Dumnezeu în

Noul Ierusalim.

Aici „bătrânii" nu se referă la acele persoane cărora le e dat acest titlu în bisericile din lume, ci descriu persoanele recunoscute de Dumnezeu ca bătrâni din cauză că sunt sfinţi şi credincioşi în casa lui Dumnezeu, şi au o credinţă neschimbată a aurului.

Dumnezeu dă diferite coroane copiiilor Săi în funcţie de gradul cu care ei se leapădă de păcate şi îndeplinesc misiunea lui Dumnezeu. Copiii Domnului vor fi în rai şi vor primi coroane mai bune dacă nu se gândesc cum să-şi satisfacă dorinţele de natură păcătoasă şi se vor comporta corespunzător, conform cuvântului lui Dumnezeu (Romanii 13:13-14), dacă sufletele lor sunt cu ei cât timp trăiesc după Duh (Galateni 5:16) şi dacă îndeplinesc cu credinţă datoria şi misiunea lor!

Tot aşa, Isus ne-a răscumpărat de toate păcatele comise în gând purtând o coroană de spini şi vărsându-Şi sângele. Cât de recunoscător ar trebui să fii întrucât El ne pregăteşte coroane mai bune în rai şi Ţi le va da conform gradului de credinţă şi îndeplinirea misiunii!

De aceea, trebuie să realizezi cât de glorios este să te încadrezi,+ ca să primeşti aceste coroane. Apoi va trebui să ai inima Domnului tău prin alungarea oricărui rău, să faci bine misiunea ta, şi să ai speranţa în casa lui Dumnezeu. Sper să primeşti cea mai bună coroană în rai.

Hainele și cămașa lui Isus

Isus, care purta o coroană de spini și Și-a vărsat sângele pe tot trupul Său din cauza biciuirii crunte, a venit în Golgota, locul răstignirii. Atunci când soldații romani L-au răstignit, ei I-au luat hainele, împărțindu-le în patru, pentru fiecare dintre ei. Nu au împărțit cămașa dar s-au certat mult pentru ea.

Ostașii după ce au răstignit pe Isus, I-au luat hainele și le-au făcut patru părți: câte o parte pentru fiecare ostaș. Dar cămașa n-avea nicio cusătură, ci era dintr-o singură țesătură de sus până jos. Și au zis deci unul către altul: Să n-o sfâșiem, ci să aruncăm sorți pentru ea, a cui să fie, aceasta, ca să se împlinească Scriptura care zice: Și-au împărțit hainele Mele între ei și pentru cămașa Mea au aruncat sorți. Ostașii deci au făcut aceste lucruri.

De ce cuvântul lui Dumnezeu ne explică în detaliu de hainele și cămașa lui Isus? Istoria Israelului de la anul 70 d.Hr. este adânc întipărită cu implicarea spirituală a acestei întâmplări.

Dezbrăcat și răstignit

Potrivit lui Matei 27:22-26, la cererea israeliților care nu-L recunoșteau pe Isus ca fiind Mesia, Isus a fost condamnat la răstignire pe cruce de către Pilat din Pont după ce El fusese înainte batjocorit și disprețuit în multe feluri.

După ce a purtat coroana de spini şi a fost batjocorit şi dispreţuit, El a purtat crucea la Golgota şi a fost crucificat acolo. Pilat a ordonat soldaţilor să pună acuzaţia scrisă împotriva Lui deasupra capului Său, şi care zicea, *"ACESTA ESTE ISUS REGELE EVREILOR"* (Matei 27:37).

Acuzaţia a fost scrisă în ebraică, latină şi greacă. Ebraica era limba tradiţională a evreilor, poporul ales al lui Dumnezeu. Latina era limba oficială a Imperiului Roman, cea mai puternică naţiune la acea vreme, şi greaca era limba dominantă a culturii lumii. De aceea, acuzaţia a fost scrisă în aceste trei limbi simbolizând că toată lumea Îl recunoştea pe Isus într-adevăr ca fiind Regele evreilor şi Împăratul împăraţilor.

După ce au citit acuzaţia, în Ioan 19:21-22, mulţi evrei au protestat lui Pilat ca să nu scrie „Regele evreilor", ci să scrie „El a spus, Eu sunt Regele evreilor". Totuşi, Pilat le-a răspuns, „Ce am scris rămâne scris" şi a lăsat neschimbată acuzaţia. Asta înseamnă că până şi Pilat a recunoscut pe Isus ca Împărat al evreilor.

Pilat L-a recunoscut pe Isus ca Împărat al evreilor, şi El într-adevăr este unicul Fiu al lui Dumnezeu, Împăratul împăraţilor, şi Domnul domnilor. Cu toate astea, în faţa unei mulţimi care-L privea, Isus a fost dezbrăcat de hainele Sale şi de cămaşa Lui şi a fost răstignit pe cruce. În acest fel, El a îndurat o asemenea ruşine nemaipomenită.

Trăim în această lume rea, uitând de întreaga datorie a omului. Şi ca să ne elibereze de toate ruşinile, lucrurile murdare, răutate, fărădelegi şi imoralităţi, Isus Împăratul împăraţilor a fost dezbrăcat de hainele şi cămaşa Sa şi a suferit ruşinea în timp ce multă lume Îl privea. Dacă înțelegi înțelesul spiritual a acestui lucru, nu poți să ajuți, ci doar să fii recunoscător pentru asta.

Împărțirea hainelor lui Isus în patru părți

Soldații romani L-au dezbrăcat pe Isus și L-au răstignit. Ei I-au luat hainele și le-au împărțit în patru părți între ei dar n-au putut să împartă cămașa Lui.

Bunul simț ne spune că hainele Lui nu erau frumoase sau scumpe. Atunci de ce au împărțit soldații hainele Lui în patru părți?

Știau ei cumva că Isus va fi onorat ca fiind Mesia și doreau să aibă măcar o bucată din hainele Lui pentru a le da urmașilor lor o valoroasă bogăție pentru familiile lor? Nu, nu a fost cazul.

Psalmul 22:18 profețează ,,*Își împart hainele mele între ei și arunca sorții pentru cămașa mea*". Dumnezeu a lăsat soldații romani să-I ia hainele pentru a îndeplini acest verset (Ioan 19:24).

Mai apoi, ce implicații sprituale au hainele lui Isus? De ce au împărțit ei hainele Lui în patru părți, una pentru fiecare dintre ei? De ce nu au împărțit cămașa? De ce a lăsat Dumnezeu ca această relatare să fie scrisă dinainte?

De vreme ce Isus este Împăratul evreilor, hainele lui Isus se referă la națiunea lui Israel sau la poporul evreu. Și cum soldații romani au împărțit hainele în patru părți, hainele și-au pierdut forma. Asta înseamnă că Israel ca națiune va fi distrus. De asemenea arată că numele de Israel va rămâne precum părţile care au luat hainele rămase. La urma urmei, cuvintele scrise despre hainele Lui au profeţit că poporul evreu va fi risipit în toate direcţiile ca rezultat al distrugerii naţiunii lor. Istoria Israelului arată că această profeţie a fost îndeplinită.

După 40 de ani de la moartea lui Isus pe cruce, un general roman, pe nume Titus a distrus Ierusalimul. Templul lui Dumnezeu a fost distrus complet nemairămânând nicio piatră pe piatră. De vreme ce naţiunea Israelului a încetat să mai existe, evreii s-au împrăştiat peste tot, au fost persecutaţi sau chiar măcelăriţi. Asta explică de ce evreii au trăit peste tot în lume până în ziua de azi.

Matei 27:23 descrie o scenă de groază în care Pilat spune mulţimii rele că Isus a fost nevinovat, dar ei au strigat toţi tare să-L răstignească. Atunci, Pilat a luat apă şi şi-a spălat mâinile pentru a arăta că el nu e vinovat de moartea nevinovatului Isus, spunând, *„Nu sunt vinovat de sângele acestui Om drept; treaba voastră"* (versetul 24). Apoi, mulţimea a răspuns, *„Sângele Lui să fie asupra noastră şi asupra copiiilor noştri!"* (versetul 25).

Un element remarcabil este că istoria Israelului arată limpede că mulţi dintre evrei şi urmaşii lor şi-au dat sângele, ca să îndeplinească cererile lui Pilat din Pont. După patru decenii de la moartea lui Isus, 1,1 milioane de evrei au fost măcelăriţi. Mai mult, în timpul celui De-al Doilea Război Mondial, naziştii germani au omorât în jur de 6 milioane de evrei. Filmul „Lista lui Schindler" portretizează scenele tragice în care evreii, indiferent că erau bărbaţi, femei, tineri sau bătrâni au fost omorâţi fără să poarte haine pe ei. Chiar și unui tâlhar îi e permis să își ia haine curate când e executat, dar evreii au fost dezbrăcați complet când au fost măcelăriți.

Poporul evreu nu L-a recunoscut pe Isus ca Mesia și L-au dezbrăcat atunci când L-au răstignit. Și în timp ce ei au strigat „Sângele Lui să fie asupra noastră și asupra copiilor noștri!" catastrofe groaznice s-au abătut asupra evreilor timp de vreme multă.

Cămașa dintr-o singură cusătură a lui Isus

În Ioan 19:23 se descrie cămașa lui Isus: *„ Cămașa n-avea nicio cusătură, era dintr-o singură țesătură"*. Aici „nicio cusătură" în acest verset înseamnă că această cămașă nu era cusută ca să îmbine diferitele părți de material.

Multă lume nu dă importanță cum sunt făcutele hainele lor, sau dacă hainele lor sunt țesute de sus în jos sau de jos în sus. Atunci de ce explică Biblia cămașa lui Isus în detaliu?

Biblia ne spune că strămoșul tuturor oamenilor este Adam, strămoșul credinței este Avraam, iar strămoșul Israelului este Iacov. Dumnezeu ne învață că strămoșul lui Israel este nu Avraam ci Iacov, pentru că cele 12 triburi ale lui Israel se trag din cei 12 fii ai lui Iacov. Fondatorul națiunii Israel este Iacov, chiar dacă strămoșul credinței este Avraam.

Dumnezeu de asemenea L-a binecuvântat pe Iacov în Geneza 35:10-11 în acest fel:

Numele tău este Iacov, dar nu te vei mai chema Iacov, ci numele tău va fi Israel. Şi Dumnezeu i-a zis: Eu sunt Dumnezeul cel Atotputernic. Rodeşte şi înmulţeşte-te; un neam şi o mulţime de neamuri vor ieşi din tine, şi împăraţi vor ieşi din coapsele tale.

Potrivit cuvântului lui Dumnezeu în aceste versete, cei doi 12 fii ai lui Iacov au format coloana vertebrală a Israelului, şi Israel a fost o ţară unită până când a fost împărţită de Regele Rehoboam în Israel în nord şi Iuda în sud.

Mai târziu, Israel în nord a devenit amestecat cu păgâni, dar Iuda a rămas unită. Astăzi poporul lui Iuda este numit evreu. Faptul că cămaşa lui Isus era dintr-o singură cusătură, ţesută de sus până jos într-o singură bucată, înseamnă că naţiunea Israelului şi-a menţinut unitatea şi identitatea ca urmaşi ai lui Iacov până în ziua de azi.

Împărţirea cămăşii lui Isus fără s-o destrame

Aici, cămaşa semnifică inima poporului. De vreme ce Isus este împăratul lui Israel, cămaşa Lui implică inima poporului evreu.

Israeliţii, ca popor ales de Dumnezeu prin strămoşul lor de credinţă Avraam, au venerat pe adevăratul Dumnezeu mai presus de orice. Faptul că nu au împărţit cămaşa înseamnă că sufletul poporului evreu al lui Israel care L-au venerat pe Dumnezeu a fost bine păstrat, fără să fie împărţit în bucăţi, chiar dacă naţiunea sau guvernarea Israelului a fost pe timpuri distrusă.

De fapt, Biblia a profeţit că păgânii nu vor putea extermina sufletul israeliților rămânând adânc în inimile lor. Cu alte cuvinte, inimile lor în fața lui Dumnezeu au fost menținute neschimbate, chiar dacă națiunea Israel a fost distrusă de păgâni. De vreme ce au o inimă atât de stabilă, Dumnezeu a ales israeliții ca fiind poporul Său și I-a folosit ca să clădească împărăția și dreptatea Lui.

Chiar și astăzi, israeliții încearcă să urmeze legea cu inima neschimbată. Asta pentru că ei sunt urmașii lui Iacov care avea și el o inimă neschimbată. Israeliții au surprins întreaga lume prin câștigarea independenței lor pe 14 mai 1948, mult timp după ce și-au pierdut țara. După aceea, ei s-au dezvoltat rapid ca una dintre cele mai avansate și influente națiuni, și și-au arătat încă o dată spiritul lor național de excelență.

Așa cum ostașii romani nu au putut împărți cămașa lui Isus, care era dintr-o singură cusătură, țesută de sus până jos într-o singură bucată, tot așa păgânii nu au putut distruge spiritul israeliților care îl venerează pe Dumnezeu. La urma urmei, israeliții ca urmași ai lui Iacov au creat o țară independentă și au îndeplinit dorința lui Dumnezeu ca fiind poporul Său ales.

Israel la sfârșitul timpului prezis în Biblie

Așa cum Dumnezeu ne-a prezis istoria lui Israel prin hainele și cămașa lui Isus, El de asemenea ne-a dat indicii despre ultima zi a lumii.

Ezechiel 38:8-9 zice:

După multe zile, vei fi în fruntea lor; în anii de la urmă vei merge împotriva ţării, ai cărei locuitori, scăpaţi de sabie, vor fi strânşi dintre mai multe popoare pe munţii lui Israel, care multă vreme fuseseră pustii; dar, fiind scoşi, din mijlocul popoarelor, vor fi toţi în siguranţă în locuinţele lor. Iar tu te vei sui, vei înainta ca o furtună, vei fi ca un nor care acoperă ţara, tu, cu toate cetele tale, şi multe popoare cu tine.

„După multe zile" în verseturi este perioada de timp de la naşterea lui Isus la a Doua Sa Venire, şi „în zilele din urmă" se referă la ultimii ani ce anunţă a Doua Venire a lui Isus. „Munţii lui Israel" indică Ierusalimul, care este localizat pe o înălţime de aproximativ 760 metri deasupra nivelului mării. De aceea, cuvântul care în anii ce vor veni vor aduna multă lume din multe ţări, prezice că israeliţii vor veni înapoi în ţara lor de pe cuprinsul întregii lumi, atunci când Întoarcerea lui Isus se apropie.

Această prezicere a devenit adevărată când Israel a fost distrus de Imperiul Roman în anul 70 d.Hr. şi şi-au obţinut independenţa în 1948. Israelul a fost un loc pustiu până când a devenit independent, dar a crescut şi a devenit una din cele mai dezvoltate naţiuni din lume.

Noul Testament de asemenea profeţează independenţa Israelului. Isus în Matei 24:32-34 ne spune următoarele:

De la smochin învăţaţi pilda lui: când îi frăgezeşte şi îi înfrunzeşte mlădiţa, ştiţi că vara este aproape. Tot aşa şi voi, când veţi vedea toate aceste lucruri să ştiţi că El este aproape, la uşi. Adevărat vă spun, nu va trece generaţia aceasta până se vor întâmpla toate acestea.

Acesta a fost răspunsul lui Isus discipolilor Săi care L-au întrebat de semnul celei de-a Doua Sosiri a Lui la terminarea anilor.

Smochinul în aceste versete se referă la Israel. Atunci când frunzele pomilor vor veşteji şi vântul rece va bate, vei şti că iarna e aproape. Tot aşa, când mlădiţele copacilor înmuguresc şi ies frunzele, vei şti că primăvara e aproape. Cu această parabolă, Isus explică că atunci când Israel se va reface după o lungă perioadă de distrugere, atunci poporul lui Israel îşi va câştiga independenţa, şi a Doua Sosire a lui Isus va fi aproape.

Nu ştii cât de lungă e „această generaţie" pe care Isus a menţionat-o în verset, dar ştii că ceea ce El a spus se va îndeplini cu siguranţă. Deja ai fost martorul independenţei Israelului, aşa că este foarte uşor să-ţi dai seama că a Doua Sosire a lui Isus este aproape.

Semne ale anilor din urmă

În Matei 24, când discipolii Săi îl întreabă de semnele anilor din urmă, Isus le explică în detaliu. Totuşi, El nu le-a spus ziua şi ora exactă, spunând, „*Despre ziua aceea şi despre ceasul acela nu ştie nimeni, nici chiar îngerii din ceruri, ci numai Tatăl*". (Matei 24:36).

Asta înseamnă că El ca Fiu al Omului ce a venit trup în această lume nu ştia ora şi ziua exactă. Asta însă nu înseamnă că

Isus ca o parte a Trinității nu știa asta după crucificarea, învierea și urcarea Sa la ceruri.

Spunând multe lucruri de semnele anilor din urmă, Isus ne-a avertizat, *"Și din cauza înmulțirii fărădelegii, dragostea celor mai mulți se va răci. Dar cine va răbda până la sfârșit va fi mântuit"*. (Matei 24:12-13).

Astăzi, poți simți că răutatea crește iar iubirea se răcește. Cu greu poți găsi inimi calde. Isus a spus în Matei 24:14, *"Evanghelia aceasta a împărăției va fi predicată în toată lumea ca o mărturie pentru toate popoarele. Și atunci va veni sfârșitul"*. Evanghelia era deja predicată în toate colțurile lumii.

Mai mult, trăim într-un "sat global" în care fiecare colț al lumii este accesibil fie ca mod de transport, fie de comunicare. Acest fenomen, de asemenea, a fost prezis în Daniel 12:4: *"Tu, însă Daniel, ține ascunse aceste cuvinte și pecetluiește cartea, până la timpul sfârșitului. Mulți vor alerga încoace și încolo și cunoștința va crește"*. Evanghelia a fost rapid transmisă în lume în acest mediu.

Este adevărat că chiar dacă evanghelia a fost predicată în întreaga lume, ar putea exista anumite persoane care nu-L acceptă pe Isus pentru că nu și-au deschis inimile. Sau, pentru că ar exista anumite locuri îndepărtate în care sămânța evangheliei nu a fost încă semănată.

Profețiile în Vechiul Testament au fost îndeplinite și majoritatea profețiilor din Noul Testament au fost îndeplinite și ele aproape în totalitate. Întreaga Scriptură este inspirată prin Duhul Sfânt. De aceea, cuvântul lui Dumnezeu este corect și nu conține nicio eroare. Cea mai mică scrisoare sau chiar și ultima iscălitura a penei nu va fi schimbată în Cuvânt. Dumnezeu își va îndeplini cuvântul și promisiunile Sale, și doar câteva lucruri au rămas neschimbate, inclusiv a Doua Venire a Domnului nostru Isus Hristos, Cei Șapte Ani de Mari Suferințe, Noul Mileniu, și Marea Judecată a Templului Alb.

Pironit în mâini și picioare

Răstignirea era una din metodele cele mai crude de executare a tâlharilor și trădătorilor. Brațele cuiva erau întinse pe o cruce de lemn. Persoana era pironită prin ambele mâini și ambele picioare. Era atârnat pe cruce pentru multă vreme până când murea. Deci, urma să sufere o durere imensă până la ultima suflare.

Isus, Fiul lui Dumnezeu a făcut doar lucruri bune și nu a avut nicio vină sau pată pe această lume. De ce atunci Isus a fost pironit prin mâinile și picioarele sale vărsându-Și sîngele pe cruce?

Durerea pironirii prin mâini și picioare

Isus a fost condamnat la moarte pe o cruce și a fost adus la locul execuției, Golgota. Un ostaș roman ținând un cui mare de fier într-o mână și un ciocan mare în cealaltă a început să bată cuie în mîinile și picioarele Sale la comanda unui sutaș. Apoi au ridicat crucea. Poți să-ți imaginezi cât a putut fi de dureros?

Nevinovatul Isus a trebuit să sufere de durere când cuiele mari

I-au fost bătute în trupul Său, şi când trupul Său a fost tras în jos de greutatea Sa şi corpul bătut în cuie a început să se spintece.

Atunci când cineva este decapitat, durerea se termină instantaneu. Dar, murind pe cruce era mult mai dureros pentru că acela era atârnat, sângera şi suferea de dezhidratare şi epuizare până în clipa în care murea.

Mai mult, într-o zi însorită din deşert, toate tipurile de insecte şi viermi ar fi venit la trupul Său pentru a suge sângele ce se scurgea din rănile Sale de la mâini şi picioare. Şi deasupra tuturor, lumea rea Îl arăta cu degetul, Îl scuipa, Îl batjocorea, Îl blestema, şi arunca insulte asupra Lui. Anumite persoane chiar L-au dispreţuit zicându-I, *„ tu, care distrugi templul şi îl zideşti la loc în trei zile, mântuieşte-Te pe Tine Însuţi! Dacă eşti Tu Fiul lui Dumnezeu, coboară-Te de pe cruce!"* (Matei 27:40)

Durere incomparabilă a îndurat Isus pe timpul răstignirii Sale. Totuşi, Isus ştia foarte bine că îndurarea Lui a tuturor păcatelor şi blestemelor prin moartea pe cruce a deschis calea pentru răscumpărarea omenirii de păcatele ei şi facerea lor în copiii lui Dumnezeu. Adevărata sa durere a venit în schimb din altă parte. Încă existau persoane care nu ştiau de această providenţă a lui Dumnezeu sau care nu au primit mântuirea pentru răutatea lor. Asta I-a adus o durere şi mai mare.

Păcate comise cu mâinile şi picioarele

Odată ce un gând păcătos este conceput în inimă, inima împinge mâinile şi picioarele să comită păcate. De vreme ce există o lege spirituală a cărei răsplată pentru păcătuire este moartea, atunci când comiți păcate, va trebui să cazi în iad și să suferi acolo pentru totdeauna.

De aceea Isus spune, *„dacă piciorul tău te face să cazi, taie-l; este mai bine pentru tine să intri în viață șchiop, decât să ai două picioare și să fii aruncat în gheenă, în focul care nu se stinge"*. (Marcu 9:45).

De câte ori ai păcătuit cu mâinile și picioarele de la nașterea ta? Anumite persoane bat altele la nervi. Anumite persoane fură de la alții, iar alte persoane pariază averile lor pe jocuri de noroc. Oamenii devin violenți cu picioarele și merg acolo unde nu ar trebui. De aceea, dacă picioarele te fac să păcătuiești, este mai bine să le tai și să intri în rai șchiop decât să fii aruncat în iad cu două picioare.

De asemenea, câte păcate ai comis cu ochii tăi? Lăcomia și adulterul te consumă când vezi ceva ce nu ar trebui să vezi cu ochii tăi. De aceea Isus a spus că dacă ochii te fac să păcătuiești, ar fi mai bine să-i scoți și să mergi în rai decât să fii aruncat în iad după ce ai comis păcate cu ei.

În timpurile Vechiului Testament, dacă cineva comitea un păcatul cu ochii, îi erau smulși, dacă cineva comitea un păcat cu mâna sau piciorul, mâna sau piciorul îi erau tăiate; dacă cineva comitea o crimă sau adulter, el trebuie să fie bătut cu pietre până murea (Deuteronomul 19:19-21).

Fără suferința lui Isus Hristos pe cruce, chiar și astăzi, copiii lui Dumnezeu ar trebui să-și taie mâinile sau picioarele dacă comit vreun păcat cu mâinile sau picioarele. Totuși, Isus a purtat crucea, a fost pironit prin mâini și picioare și Și-a vărsat sângele. Făcând asta El a spălat păcatele comise cu mâinile și picioarele și nu va mai trebui să suferi sau să plăteşti preţul pentru propriile tale păcate. Cât de mare este iubirea Lui!

Trebuie să ţii minte că El te purifică de toate păcatele dacă mergi în lumină, când El este în lumină, şi dacă te spovedeşti de păcatele tale şi te întorci înspre El (1 Ioan 1:7).

De aceea, este foarte important ca să îţi umpli inima cu adevăr pentru a duce o viaţă victorioasă cu o inimă recunoscătoare şi plină de har care e mereu îndreptată spre Dumnezeu.

Picioarele lui Isus nu s-au frânt dar coasta I-a fost străpunsă

Ziua în care Isus a murit a fost vineri, ziua dinaintea Sabatului. În acele zile, sâmbăta era văzută ca Sabat, iar evreii nu doreau ca trupurile să fie lăsate pe cruce în timpul Sabatului.

Deci, aşa cum poţi citi în Ioan 19:31, evreii i-au cerut lui Pilat din Pont să zdrobească picioarele şi să dea trupurile jos.

Cu permisiunea lui Pilat, soldaţii au zdrobit fluierele picioarelor hoţilor care erau deja răstigniţi de o parte şi de cealaltă a lui Isus, dar Lui nu I le-au zdrobit pentru că El era deja mort. În acele zile, cei ce erau răstigniţi erau socotiţi blestemaţi şi de aceea ostaşii le zdrobeau fluierul picioarelor. De aceea, există o providenţă divină că nu I-au zdrobit fluierul picioarelor lui Isus.

De ce fluierul picioarelor lui Isus nu au fost zdrobite

Isus, care nu avea niciun păcat, a fost blestemat şi atârnat pe cruce pentru a răscumpăra oamenii de blestemul legii. Satana nu a putut zdrobi picioarele Sale nu pentru că Isus a murit din cauza păcatului Lui, ci pentru că a fost providența lui Dumnezeu.

Pe lângă asta, Dumnezeu L-a protejat pe Isus de a avea oasele zdrobite pentru a îndeplini cuvintele Psalmului 34:20 care spune „*Toate oasele i le păzește, Niciunul din ele nu e zdrobit*".

În Numeri 9:12, Dumnezeu spune israeliților să nu zdrobească niciun os al mielului atunci când îl mănâncă. De asemenea spune în Exodul 12:46 că israeliții pot mânca miel dar trebuie să nu zdrobească niciun os al lui.

„Mielul"se referă la Isus care era nepătat și nevinovat, dar totuși S-a sacrificat ca plata sacrificiului pentru omenire și păcatele sale și din cauza iubirii Lui pentru noi. În conformitate cu Exodul Scripturii 12:46 care spune, „*Într-o singură casă să fie mâncate; să nu luați deloc carne afară din casă și să nu zdrobiți vreun os*", așa că niciun os al lui Isus nu a fost zdrobit.

Coasta Lui străpunsă de o suliță

Ioan 19:32-34 descrie o altă scenă înfiorătoare:

Ostașii au venit deci și au zdrobit fluierele picioarelor celui dintâi și ale celuilalt care fusese răstignit împreună cu El. Când au venit la Isus și au văzut că murise, nu I-au zdrobit fluierele picioarelor, ci unul din ostași I-a străpuns coasta cu o suliță și îndată a ieșit din ea sânge și apă.

Chiar dacă ostaşul ştia deja că Isus murise, de ce I-a străpuns coasta cu suliţa, făcând îndată să curgă sânge şi apă? Asta ilustrează răutatea omului.

Deşi El era Dumnezeu, Isus nu a cerut şi nu S-a agăţat de drepturile Lui ca Dumnezeu, El nu a făcut nimic pentru El; a luat umila poziţie de rob şi a apărut sub forma unei fiinţe umane. El umil s-a aplecat în faţa morţii unui tâlhar pe cruce. În acest fel, Isus a deschis uşa mântuirii tale (Filipeni 2:6-8).

Pe timpul vieţii Sale pe această lume, Isus Le-a dat prizonierilor libertatea, Le-a dat săracilor bogăţie, şi a vindecat bolnavii. Nu a avut timp suficient să doarmă sau să mănânce căci a făcut tot posibilul să vestească cuvântul lui Dumnezeu şi să salveze cât mai multe suflete. A mers pe un deal să se roage chiar şi atunci când discipolii Săi se odihneau.

Mulţi evrei L-au persecutat cu dispreţ pe Isus, deşi El a făcut doar bine. În final, ei L-au răstignit pe o cruce. Mai mult de atât, deşi ştia că e mort, un ostaş roman L-a străpuns cu o suliţă. Aceasta ne spune că oamenii erau cu o răutate crescândă.

Dumnezeu ne-a arătat imensa Sa iubire prin trimiterea unicului Său Fiu Isus Hristos şi prin răstignirea Lui pe cruce pentru a ne răscumpăra pe noi de păcate, indiferent de răutatea oamenilor.

Vărsarea de sânge şi apă din coapsa Lui

Aşa cum s-a menţionat mai devreme, un ostaş roman a străpuns coasta lui Isus cu o suliţă în răutatea lui, indiferent că ştia că Isus e mort. Atunci când ostaşul a străpuns coasta Lui, sânge și apă a țâșnit din trupul lui Isus. Sunt trei înțelesuri în acest episod.

Mai întâi ne arată că Isus a venit în carne ca Fiu al Omului. Ioan 1:14 spune, *„Și Cuvântul a devenit trup și a locuit printre noi (și noi am privit slava Lui, slavă ca a unicului Fiu din partea Tatălui), plin de har și de adevăr”.* Dumnezeu a venit trup pe această lume și El era Isus.

Păcătoșii nu-L pot vedea pe Dumnezeu pentru că pier în fața Lui. Deci, Dumnezeu nu poate apărea direct în fața lor și de aceea Isus a devenit trup și a dovedit multe dovezi ca să ne conducă în credința spre Dumnezeu.

Biblia ne spune că Isus era un om ca noi. Marcu 3:20 spune, *„Au venit în casă și mulțimea s-a adunat din nou, așa că nu puteau nici măcar să-și mănânce pâinea”.* Matei 8:24 ne spune că, *„Iată, s-a stârnit pe mare o furtună atât de puternică, încât corabia era acoperită de valuri. Și Isus dormea”.*

Unii s-ar putea întreba cum lui Isus, Fiul lui Dumnezeu îi putea fi foame sau să simtă durerea. De vreme ce Isus era trup alcătuit din oase și mușchi, El trebuia să mănânce și să doarmă. De asemenea suferea durerile așa cum le suferim și noi. Faptul că a curs sânge și apă din trupul Lui când a fost străpuns cu sulița este o dovadă convingătoare că Isus a devenit trup pe această lume, deși El este Fiul lui Dumnezeu.

În al doilea rând, este încă o mărturie că poți participa și tu la natura divină chiar dacă ești trup. Dumnezeu dorește ca copiii Săi să fie sfinți și perfecți așa cum e El. Așa că El zice, *„Fiți sfinți,* *căci Eu sunt sfânt"* (1 Petru 1:16) şi *"Voi fiţi deci desăvârşiţi, după cum şi Tatăl vostru Cel ceresc este desăvârşit"* (Matei 5:48). De asemenea te încurajează spunându-ţi, *"prin care El ne-a dat făgăduinţele Lui nespus de mari şi scumpe, ca prin ele să vă faceţi părtaşi firii dumnezeieşti, după ce aţi fugit de stricăciunea care este în lume prin poftă"* (2 Petru 1:4), şi *"Să aveţi în voi gândul acesta, care era şi în Hristos Isus"* (Filipeni 2:5).

Isus a venit trup pe această lume şi a devenit slujitor dorinţei lui Dumnezeu, şi Şi-a îndeplinit datoria toată. De asemenea a îndeplinit legea cu iubire prin înfruntarea tuturor proceselor şi necazurilor, şi a trăit conform cuvântului lui Dumnezeu.

Deşi era un om ca şi tine, El în mod conştient a acceptat toate durerile, a urmat voinţa lui Dumnezeu cu stoicism şi auto-control, şi S-a sacrificat în iubire pentru a muri pe cruce fără împotrivire şi durere.

Cum putem atunci să participăm la natura divină cu inima lui Hristos Isus?

Trebuie să răstigneşti natura păcătoasă, ce e alcătuită din pasiune şi dorinţă, să ai o dragoste sufletească şi să te rogi cu toată convingerea să participi la natura divină având aceeaşi atitudine ca a lui Isus.

Pe de o parte, iubirea trupească se caută ea însăşi, şi această iubire devine rece odată cu trecerea timpului. Oamenii cu acest fel de iubire se trădează unul pe celălalt şi suferă de durere când nu sunt de aceeaşi părere.

Pe de altă parte, Dumnezeu doreşte să ai o iubire răbdătoare, îngăduitoare, să nu fie egoistă. Deci, este o iubire sufletească ce nu se schimbă niciodată și înflorește zi de zi. Poți avea comportamentul lui Isus atât timp cât ai iubirea sufletească și atât timp cât te lepezi de rău prin rugăciuni convingătoare.

Tot așa, oricine poate primi harul și puterea lui Dumnezeu dacă el caută ajutorul Său în postire și rugi convingătoare. Dumnezeu de asemenea lucrează pentru a alunga orice fel de rău. Vei străluci precum soarele în împărăția raiului dacă posezi iubirea sufletească, dacă produci cele nouă fructe ale Duhului Sfânt (Galateni 5) și primești Fericirea Supremă (Matei 5).

În al treilea rând, Isus Și-a vărsat sângele și apa îndeajuns de puternic ca să te conducă spre viața adevărată și veșnică.

Sângele și apa lui Isus erau nepătate și fără de vină, căci El nu avea păcatul originar și nu a comis niciun păcat. În mod spiritual, a fost acest sânge și această apă care au putut fi înviate. Pentru că El Și-a vărsat sângele, păcatele tale sunt purificate și poți avea viața adevărată ce te duce spre mântuire, înviere și viață veșnică.

Apa, care a țâșnit din trupul lui Isus, simbolizează apa veșnică, cuvântul Domnului. Poți fi umplut cu adevăr și să fii un adevărat copil al lui Dumnezeu până la punctul că vei înțelege cuvântul Său și te lepezi de păcate, trăind în conformitate cu cuvântul Lui.

Isus, fără pată și fără vină, a renunțat la tot pentru a-Ți da ție viață adevărată, până la punctul în care Și-a vărsat sângele și apa, chiar dacă nu erai mai bun ca animalele.

Sper să înțelegi că ești mântuit fără să plătești niciun preț dacă te lepezi de păcate prin rugăciuni fervente în credință pentru ca tu să ai o viață îmbelșugată în Isus Hristos.

Capitolul 7

ULTIMELE ŞAPTE CUVINTE ALE LUI ISUS PE CRUCE

- Tată, iartă-i
- Astăzi vei fi cu Mine în Rai
- Femeie dragă, aici este Fiul tău;
  aici este Mama ta
- *Eloi, Eloi, Lama Sabachtani?*
- Mi-e sete
- S-a terminat
- Tată, în mâinile Tale încredinţez
  duhul Meu

Şi Isus zicea: „Tată iartă-i, căci nu ştiu ce fac!"... (versetul 34)
...„Dar celălalt răspunzând, l-a înfruntat, zicând: „Nu te temi tu de Dumnezeu, tu care eşti sub aceeaşi judecată? Pentru noi este drept, căci primim răsplata cuvenită pentru cele ce-am făcut, dar Acesta n-a făcut niciun rău". Şi a zis lui Isus: „Adu-Ţi aminte de mine, Doamne, când voi veni în împărăţia Ta!" Şi Isus i-a răspuns: „Adevărat îţi spun că astăzi vei fi cu Mine în rai". Era cam pe la ceasul al şaselea. Şi s-a făcut întuneric peste toată ţara până la ceasul al nouălea. Soarele s-a întunecat şi perdeaua templului s-a sfâşiat prin mijloc. Isus a strigat cu glas tare şi a zis: „Tată, în mâinile Tale Îmi încredinţez duhul"! Şi când a zis aceste cuvinte, Şi-a dat duhul."
(versetele 40-46).

Luca 23:34-46

Multe persoane își amintesc de viețile lor când sorocul e pe aproape. Familiei și prietenilor le spun ultimele cuvinte.

În același fel, Isus a devenit trup, a venit pe această lume în providența lui Dumnezeu, și a pronunțat cele șapte cuvinte pe cruce în timp ce își dădea duhul. Acestea sunt numite „Ultimele șapte cuvinte ale lui Isus pe cruce".

Să analizăm înțelesul spiritual a celor ultime șapte cuvinte ale lui Isus pe cruce.

Tată, iartă-i

Autorul Filipenilor Îl descrie pe Isus în felul următor. Isus:

Să aveți în voi gândul acesta, care era și în Hristos Isus: El, măcar că avea chipul lui Dumnezeu, totuși n-a socotit ca un lucru de apucat să fie deopotrivă cu Dumnezeu, ci S-a dezbrăcat pe Sine Însuși și a luat chip de rob, făcându-Se asemenea oamenilor. La înfățișare a fost găsit ca om, S-a smerit și S-a făcut ascultător până la moarte, și încă moarte de cruce (Filipeni 2:5-8).

Isus S-a sacrificat pe cruce pentru a demonstra iubirea Lui și ascultarea de Dumnezeu aşa încât să deschidă calea mântuirii pentru păcătoşi. Oamenii care stăteau lângă cruce L-au batjocorit pe Isus împreună cu liderii, *„Pe alţii I-a mântuit; să Se mântuiască pe Sine Însuşi, dacă este El Hristosul, Alesul lui Dumnezeu"* (Luca 23:35).

Ostaşii de asemenea L-au batjocorit, oferindu-I oţet şi spunând: *„Dacă tu eşti Împăratul Iudeilor, mântuieşte-Te pe Tine Însuţi!"* (versetul 37). Unul dintre tâlharii răstigniţi Îl insulta zicând: *„Nu eşti Tu Hristosul? Mântuieşte-Te pe Tine Însuţi şi mântuieşte-ne şi pe noi!"* (versetul 39)

> *Când au ajuns la locul numit Căpăţâna, L-au răstignit acolo, pe El şi pe făcătorii de rele: unul la dreapta şi altul la stânga. Şi Isus zicea: „Tată iartă-i, căci nu ştiu ce fac! Ei şi-au împărţit hainele Lui între ei, trăgând la sorţi" (Luca 23:33-34).*

Isus s-a rugat lui Dumnezeu pentru iertarea lor, „Tată iartă-i, căci nu ştiu ce fac!", în timp ce ce-Şi dădea duhul. Isus I-a cerut Tatălui să aibă milă şi iertare pentru oamenii care nu ştiau ca El e Fiul Dumnezeu şi că e răstignit pentru a-i mântui de păcate. Poate nici măcar nu şi-au dat seama că actele lor sunt păcate. Acesta este primul Lui cuvânt pe cruce.

Isus se roagă în iubire pentru cei care-L răstigneau

Isus, Fiul lui Dumnezeu, S-a rugat pentru aceia care L-au răstignit chiar dacă El nu era vinovat sau vrednic de moarte. Cât de profundă şi mare e iubirea lui Isus! Isus ar fi putut uşor să Se dea jos de pe cruce şi să evite răstignirea Lui, căci El era una cu Dumnezeu cel Atotputernic şi este împuternicit de Dumnezeu Tatăl. Totuşi, El a fost răstignit pentru a îndeplini planul mântuirii conform voinţei lui Dumnezeu. De aceea, El a putut să îndure suferinţele şi ruşinea, să Se roage în iubirea lor şi să ceară iertarea lor.

Isus S-a rugat fervent, „Tată iartă-i, căci nu ştiu ce fac". Aici „ei" nu se referă doar la cei care L-au răstignit şi batjocorit, dar de asemenea include toţi oamenii care nu L-au primit pe Isus Hristos şi continuă să-şi trăiască vieţile în întuneric. Precum cei care L-au răstignit pe Isus, Fiul lui Dumnezeu, mulţi oameni păcătuiesc pentru că nu-L ştiu pe Isus Hristos şi adevărul.

Vrăjmaşul tău diavolul aparţine întunericului şi urăşte lumina, aşa că L-a răstignit pe Isus, adevărata lumină. Astăzi, diavolul controlează oamenii care aparţin întunericului şi îi face să-i persecute pe aceia care păşesc în lumină.

Cum poţi să reacţionezi la persecutorii care nu ştiu adevărul?

Isus te învaţă care e voinţa lui Dumnezeu şi care ar trebui să fie comportamentul unui creştin, prin primul cuvânt de pe cruce. În Matei 5:44 se spune: „*Dar Eu vă spun: iubiţi pe vrăjmaşii voştri, binecuvântaţi pe cei care vă blestemă, faceţi bine celor ce vă urăsc şi rugaţi-vă pentru cei care vă insultă şi vă prigonesc*". Deci trebuie să ne rugăm pentru aceia care ne persecută spunând „Tată iartă-i, căci nu ştiu ce fac". Binecuvântează-i şi pe ei de asemenea, pentru ca şi ei să Îl primească pe Domnul şi să ne putem întâlni din nou în rai.

Astăzi vei fi cu Mine în Rai

Doi tâlhari au fost de asemenea răstigniți când Isus a fost pus pe cruce ce era pe Golgota sus, „locul Căpățânii" (Luca 23:33).

Unul dintre tâlhari Îl batjocorea disprețuitor pe Isus, dar celălalt l-a înfruntat pe primul tâlhar, s-a căit și l-a acceptat pe Isus ca Mântuitor. Apoi Isus I-a promis ca va fi în rai cu El. Aceasta este al doilea cuvânt al lui Isus pe cruce.

Unul dintre tâlharii răstigniți Îl insulta zicând: „Nu ești Tu Hristosul? Mântuiește-Te pe Tine Însuți și mântuiește-ne și pe noi". Dar celălalt răspunzând, l-a înfruntat, zicând: „Nu te temi tu de Dumnezeu, tu care ești sub aceeași judecată? Pentru noi este drept, căci primim răsplata cuvenită pentru cele ce am făcut, dar Acesta n-a făcut niciun rău." Și a zis lui Isus: „Adu-Ți aminte de mine, Doamne, când vei veni în împărăția Ta!" Și Isus i-a răspuns: „Adevărat îți spun că astăzi vei fi cu Mine în rai". (Luca 23:39-43).

Isus a vestit ca El era Mesia care putea să mântuiască păcătoșii atunci când se vor căi și va mântui prin al doilea Său cuvânt pe cruce.

Atunci când citești cele Patru Evanghelii, răspunsurile celor doi tâlhari sunt scrise în moduri diferite. În Matei 27:44 se spune, *„Tâlharii care erau răstigniți împreună cu El Îi aruncau aceleași batjocuri".* În Marcu 15:32 citim, *„,Hristosul, Împăratul lui Israel, să Se coboare acum de pe cruce, ca să* *vedem și să credem!' Cei răstigniți împreună cu El, de asemenea își băteau joc de El"*. Din aceste două Evanghelii, citești că amândoi tâlharii i-au aruncat insulte lui Isus.

Totuși, în Luca 23, citești că un tâlhar l-a înfruntat pe celălalt și s-a căit de păcatele sale, L-a acceptat pe Isus și a fost mântuit. Asta a fost pentru că Evangheliile nu sunt în conformitate unele cu altele. În schimb, în providența Lui, Dumnezeu a lăsat autorilor diferite feluri de a scrie. În Biblie, providența lui Dumnezeu și elementele istorice sunt concentrate. Dacă ar fi fost scris totul în detaliu, o mie de Biblii nu ar fi fost suficiente.

Astăzi dacă înregistrezi ceva cu camera video, poți să vizionezi mai târziu, dar în vremurile lui Isus, nu exista asemenea echipament așa că nu au putut nici măcar fotografia deși au fost întâmplări foarte importante. Ei putea doar să scrie aceste întâmplări. Prin mici diferențe, poți trăi și retrăi anumite situații mult mai realist.

Înțelegerea mai bună a răstignirii lui Isus

Atunci când Isus a vestit evanghelia, mulțime multă L-a urmat. Unii doreau să asculte mesajul Său, alții doreau să vadă miracole și semne din ceruri, alții doreau să obțină mâncare, și alții și-au vândut proprietățile pentru a-L urma și sluji pe Isus.

În Luca 9, Isus mulțumește pentru cinci felii de pâine și doi pești. Numărul celor care au mâncat era în jur de cinci mii de persoane (Luca 9:12-17). Imaginează-ți câtă lume era, incluzând aceia care-L iubeau sau urau pe Isus și alții în mulțime care au venit la locul unde era răstignit Isus. Mulțimea a înconjurat crucea, aşa că ostaşii i-au blocat cu suliţele şi scuturile. Imaginează-ţi mulţimea care striga la Isus strânsă cerc în jurul crucii. Mulţimea Îl insulta. Chiar şi unul dintre tâlhari atârnat lângă Isus Îl insulta.

Ai auzit ceea ce a spus primul tâlhar? Mai mult ca probabil că era mare gălăgie aşa că doar lumea care era aproape de Isus a putut auzi cuvintele Sale. Celălalt tâlhar I-a spus ceva lui Isus cu o expresie a feţei urâtă. Acest tâlhar, de fapt, îl înfrunta pe acel tâlhar care L-a insultat pe Isus. Totuşi, aceia care erau mai departe în partea opusă ar fi putut foarte uşor gândi că acest tâlhar pocăit îl insulta pe Isus în mijloc.

Pe de o parte, în acele condiţii zgomotoase, fiecare scriitor a Evangheliei lui Matei şi Marcu care nu l-au putut auzi pe tâlhar căindu-se limpede, se gândeau că şi el Îl insulta pe Isus. Aşa încât au scris că amândoi tâlharii Îl acuzau pe Isus.

Pe de altă parte, scriitorul Evangheliei lui Luca a auzit clar, aşa că ştia că unul dintre tâlhari nu L-a insultat pe Isus, ci că se căia. Au fost scriitori diferiţi în diferite locuri şi ca urmare au scris diferit.

Dumnezeu, care le ştie pe toate, I-a lăsat să scrie în moduri diferite pentru ca mai târziu generaţiile să facă diferenţa o anumită situaţie limpede.

Loc ceresc pentru tâlharul pocăit

Isus I-a promis tâlharului care se căia pe cruce înaintea morţii, „Tu vei fi cu Mine în rai". Asta are un înţeles spiritual.

Raiul, împărăţia lui Dumnezeu, este foarte mare, dincolo de

imaginaţia ta. Chiar şi Isus Ne-a spus asta în Ioan 14:2, *„În casa Tatălui Meu sunt multe locuinţe. Dacă n-ar fi aşa, v-aş fi spus, căci Eu mă duc să vă pregătesc un loc".* Psalmistul ne îndeamnă să *„Lăudaţi-L, cerurile cerurilor şi voi ape, care sunteţi deasupra cerurilor!"* (Psalmii 148:4). Neemia 9:6 Îl laudă pe Dumnezeu că a făcut cerurile, chiar şi cerul cerurilor. În 2 Corinteni 12:2 se spune că *„cunosc un om în Hristos, care acum paisprezece ani a fost răpit până în al treilea cer (dacă a fost în trup, nu ştiu; dacă a fost afară din trup, nu ştiu; Dumnezeu ştie)".* În Apocalipsa 21:2 se spune că în Noul Ierusalim sălăşuieşte tronul lui Dumnezeu.

Tot aşa, există multe locuinţe în rai. Totuşi, nu poţi alege niciun loc în care doreşti să trăieşti. Dreptatea lui Dumnezeu răsplăteşte pe fiecare conform cu ceea ce ai făcut în această lume: cât de mult L-ai urmat pe Domn şi ai lucrat pentru împărăţia lui Dumnezeu şi cât de mult ai depus în rai etc (Matei 11:12; Apocalipsa 22:12).

Ioan 3:6 spune că cel *„ce este născut din carne este carne; şi ce este născut din Duh este duh".* În funcţie de amploarea cu care te lepezi de lucrurile trupeşti şi devii o persoană spirituală, locurile de locuit din rai vor fi împărţite grupurilor aceluiaşi nivel spiritual.

Desigur, orice loc din rai este foarte frumos pentru că Dumnezeu domneşte acolo. Totuşi, există diferenţe chiar şi în rai. De exemplu, stilul de viaţă, hobbiurile, nivelul de viaţă şi aspectul unei metropole este foarte diferit faţă de cel de la ţară. În acelaşi fel, oraşul sfânt, Noul Ierusalim, este cel mai glorios loc din rai unde se află scaunul lui Dumnezeu şi unde copiii care seamănă cu El vor locui.

Dar, Paradisul este locul unde tâlharul, pocăit în ultimul moment a morţii sale pe cruce, va locui şi se află la marginea raiului. Mulţi alţii care au primit o mântuire ruşinoasă vor trăi acolo. Aceşti oameni L-au primit pe Isus Hristos dar nu au făcut un pas înainte pentru a se schimba spiritual.

De ce tâlharul pocăit a intrat în Paradis?

El a mărturisit că este un păcătos în inima sa bună, şi a primit pe Isus ca Mântuitor. Însă, el nu a scăpat de păcate, nu a trăit conform cuvântului lui Dumnezeu, şi nu a evanghelizat pe alţii. El nu a lucrat pentru Domnul. Nu a făcut nimic sa să primească răsplata cerească. De aceea a mers în Paradis, cel mai de jos loc din rai.

Coborârea lui Isus din Mormântul de Sus

Chiar dacă Isus I-a promis tâlharului „Astăzi vei fi cu mine în Paradis", asta nu înseamnă că Isus trăieşte doar în Paradisul raiului. Isus, Împăratul împăraţilor şi Domnul domnilor domneşte şi locuieşte cu copiii lui Dumnezeu în toate rairule, inclusiv Paradisul şi Noul Ierusalim. În acest sens El locuieşte în Paradis precum şi în alte locuri din rai.

Când Isus I-a spus tâlharului mântuit „Astăzi vei fi cu Mine în Paradis", „astăzi" nu se referă pur şi simplu la ziua în care Isus a murit pe cruce sau orice altă zi. Isus a spus că El va fi cu tâlharul căit oriunde tâlharul ar fi fost din acel moment, căci devenise copilul lui Dumnezeu.

Atunci cânde te referi la Biblie, Isus nu a mers în Paradis după moartea Sa. În Matei 12:40 Isus spune câtorva farisei că, *„Căci după cum Iona a stat trei zile şi trei nopţi în pântecele peştelui celui mare, tot aşa Fiul Omului va sta trei zile şi trei nopţi în inima pământului"*. Efeseni 4:9 spune că *„Şi acest „S-a suit", ce înseamnă decât că Se coborâse în părţile mai de jos ale pământului"*?

În plus, 1 Petru 3:18-19 spune *„Hristos de asemenea, a suferit o singură dată pentru păcate, Cel Drept pentru cei nedrepţi, ca să ne aducă la Dumnezeu; fiind omorât în trup, dar făcut viu în duh, în care S-a dus şi dus şi a predicat duhurilor care sunt în închisoare"*. Isus a mers în Mormântul de Sus şi a predicat evanghelia duhurilor înainte ca El să învie în ziua a treia. De ce a fost necesar asta?

Înainte ca Isus să vină pe această lume, multă lume pe timpul Vechiului Testament şi chiar din Noul Testament nu au avut şansa să audă predica, dar ei au trăit în bunătate şi L-au acceptat pe Dumnezeu. Asta înseamnă că au mers toţi în iad pentru că nu au ştiut cine e Isus Hristos?

Dumnezeu Şi-a trimis singurul Său Fiu pe această lume şi oricine Îl primeşte va fi mântuit. Dumnezeu nu ar fi început cultivarea omului pentru a mântui doar pe aceia care-L primesc pe Isus Hristos după răstignirea Lui. Cei care nu au avut şansa să audă predica dar au trăit cu conştiinţa pură vor fi judecaţi conform conştiinţei lor.

Pe de o parte, acele persoane bune la inimă se vor întâlni la „Mormântul de Sus". Pe de altă parte, „Hades" este locul unde sufletele rele vor trăi până la Judecata de Apoi. După răstignirea Lui, Isus a mers în Mormântul de Sus şi a predicat evanghelia duhurilor care nu știau evanghelia, dar care au trăit cu conștiința pură și meritau să fie mântuite.

Nu este un alt nume sub ceruri dat oamenilor în care să fie mântuiți, decât Isus Hristos. De aceea Isus a mers și a predicat despre El duhurilor pentru ca ele să Îl primească și să fie mântuite.

Biblia spune că duhurile mântuite înaintea de răstignirea lui Hristos sunt purtate în sânul lui Avraam (Luca 16:22), dar sunt purtate în sânul lui Isus după învierea Lui.

Mântuirea conform judecății conștiinței

Înaintea venirii lui Isus pe această lume pentru a răspândi evanghelia, oamenii buni au trăit urmând dreptatea inimii lor. Aceasta este legea conștiinței. Oamenii buni nu făcuea rău nici atunci când aveau necazuri și înfruntau dificultăți, pentru că ei ascultau de vocea inimilor lor.

În Romanii 1:20 se spune, *„Însușirile nevăzute ale Lui, puterea Lui veșnică și divinitatea Lui se văd lămurit, de la creerea lumii, fiind înțelese de minte, prin lucrurile făcute de El, așa că nu se pot dezvinovăți".*

Văzând universul și cum tot ceea ce este pe pământ este armonios, lumea cu inimi bune crede că există viața veșnică. De aceea ei nu trăiesc conform naturii lor păcătoase și se controlează pe ei înșiși să nu se bucure de plăcerile trupești în frica lui Dumnezeu.

Romanii 2:14-15 spune, *„Când neamurile, care n-au lege, fac din fire lucrurile legii, prin aceasta ei, care n-au o lege, îți* *sint singuri lege; și ele arată că lucrarea legii este scrisă în inimile lor, fiindcă despre lucrarea aceasta mărturisesc conștiința lor și gândurile lor, care sau se învinovățesc sau de dezvinovățesc între ele".*

Dumnezeu a dat legea doar evreilor, nu și păgânilor. Dar, păgânii trăiesc după lege atunci când trăiesc conform legii inimilor lor, conștiinței lor, ce e câștigată și practicată de către ei. Nu poți spune că cei care nu cred în Isus Hristos nu pot fi mântuiți pentru că ei nu au auzit niciodată evanghelia în viața lor.

Printre cei care au murit și nu au știut de Isus Hristos, au existat anumiți oameni care puteau să se controleze împotriva gândurilor răului pentru că aveau inimile curate. Acești oameni vor fi mântuiți conform judecății lui Dumnezeu asupra conștiinței lor.

Femeie dragă, aici este Fiul tău; aici este Mama ta

Apostolul Ioan a scris ce a văzut și a auzit de pe crucea unde Isus era răstignit. Au fost multe femei, inclusiv Maria, mama lui Isus; Salome, sora mamei Lui, Maria, soția lui Clopas și Maria Magdalena. În Ioan 19:26-27, Isus spune tristei Maria, mama Lui să se gândească la Ioan ca la fiul ei și Îi spune lui Ioan să aibă grijă de ea ca de mama lui:

Când a văzut Isus pe mama Sa și lângă ea stând

ucenicul pe care-l iubea, a zis mamei Sale: „Femeie, iată fiul tău!" Apoi a zis ucenicului: „Iată mama ta!" Şi, din ceasul acela, ucenicul a luat-o la el acasă".

De ce I-a spus Isus Mariei, „femeie" şi nu „mamă?"

Cuvântul „mamă" nu este rostit de Isus, dar scris de apostolul Ioan din punctul lui de vedere. De ce atunci, Isus a chemat-o pe propria Sa mamă, cea care i-a dat naştere „femeie"?

Atunci când te referi la Biblie, Isus nu-I spune „mamă".

De exemplu, în Ioan 2:1-11, Isus îndeplineşte primul miracol de a transforma apa în vin după ce-Şi începuse preoţia. Miracolul s-a întâmplat la o nuntă în Cana, Galileea. Isus şi ucenicii Săi au fost de asemenea invitaţi la nuntă. Atunci când vinul s-a terminat, Maria i-a spus lui Isus, „Nu mai au vin", pentru că ştia că este Fiul lui Dumnezeu, şi Isus putea schimba apa în vin. Apoi Isus I-a spus, *„Femeie, ce am Eu cu tine? Nu Mi-a venit încă ceasul"* (versetul 4).

Isus a răspuns atunci pentru El pentru a-Şi arăta că Mesia încă nu sosise, chiar dacă Mariei îi părea rău de oaspeţii că au rămas fără vin. Schimbarea apei în vin din punct de vedere spiritual înseamnă că Isus Îşi va vărsa sângele pe cruce.

Isus a prevestit că El a venit în această lume ca fiind Mântuitorul nostru prin îndeplinirea planului divin de mântuire a omenirii pe cruce. De aceea El I-a spus Mariei „femeie" şi nu „mamă".

Pe lângă asta, Mântuitorul nostru Isus este Dumnezeu în Trinitate şi Creatorul. Dumnezeu Creatorul este CINE ESTE

(Exodul 3:14), iar El este Primul şi Ultimul (Apocalipsa 1:17, 2:8). Ca atare, Isus nu are mamă şi de aceea Isus I-a spus ei „femeie" şi nu „mamă".

Astăzi, mulţi copii ai lui Dumnezeu se referă la Maria ca Isus, „mamă sfântă" sau chiar îi clădesc statui şi se închină ei. Trebuie să înţelegi că e greşit, întrucât ea nu este mama Mântuitorului nostru (Exodul 20:4).

Cetăţenia cerească

Isus a mângâiat-o pe Maria care era foarte nefericită de răstignirea Lui, şi I-a spus iubitului său ucenic Ioan să aibă grijă de ea ca de propria mamă. Chiar dacă Isus suferea de dureri cumplite pe cruce, Lui încă Îi păsa profund de ceea ce se va întâmpla cu Maria după moartea Lui. Poţi simţi dragostea Lui aici.

Prin ce de-al treilea cuvânt a lui Isus pe cruce, poţi să îţi dai seama că în credinţă, toţi suntem fraţi şi surori – familia lui Dumnezeu. În Matei 12 este o scenă în care familia lui Isus vine să-L vadă. Atunci când lui Isus i se spune că mama şi fraţii Lui stau afară, El spune mulţimii:

> *Dar Isus a răspuns celui ce-I adusese ştirea aceasta: Cine este mama Mea şi care sunt fraţii Mei? Apoi, întinzându-şi mâna spre ucenicii Săi, a zis: Iată mama Mea şi fraţii Mei! Căci oricine va face voia Tatălui Meu care este în ceruri, acela Îmi este frate, soră, mamă"* *(Matei 12:48-50).*

Odată ce credinţa ta creşte după primirea lui Isus Hristos, sentimentul tău de cetăţean al cerurilor devine mai limpede şi îţi iubeşti fraţii şi surorile în Hristos mai mult decât membrii biologici ai familiei. Dacă membrii familiei tale nu sunt copii ai lui Dumnezeu, familia ta nu va putea dura ca „familie" pentru totdeauna. Relaţia familiei tale se termină cu moartea. Dacă ei nu cred în Isus Hristos sau nu trăiesc după voia lui Dumnezeu chiar dacă ei pretind că cred în Dumnezeu, ei vor merge în iad pentru că răsplata păcatului este moartea (Matei 7:21).

Trupul tău ce se vede se va transforma în ţărână după moarte, dar sufletul tău este nemuritor. Dacă Dumnezeu îţi ia sufletul, vei fi doar un cadavru care curând va putrezi. Dumnezeu Creatorul a creat primul om din ţărână şi I-a suflat suflare de viaţă pe nări, aşa că sufletul său a devenit nemuritor. Dumnezeu e cel care dă naştere sufletului tău nemuritor şi trupului care se va întoarce în ţărână. De aceea, El e adevăratul tău Tată.

Matei 23:9 ne spune „Şi „Tată" să nu numiţi pe nimeni pe pământ, pentru că Unul singur este Tatăl vostru: Acela care este în ceruri". Asta nu înseamnă însă să nu iubiţi membrii familiei tale cei care nu cred. Este foarte important să îi iubeşti cu adevărat, să le predici evanghelia şi să-i conduci să-L accepte pe Isus Hristos.

Eloi, Eloi, Lama Sabachthani?

Isus a fost răstignit pe cruce la al treilea ceas, şi de la ceasul al şaselea, întunericul a venit deasupra întregului pământ până la ceasul al nouălea când El Şi-a dat duhul. Pentru a transforma asta în concepţia modernă a timpului, El a fost răstignit la ora nouă dimineaţa şi trei ore mai târziu, la amiază, întunericul a coborât peste tot pământul până la orele trei ale amiezii.

> La ceasul al şaselea s-a făcut întuneric peste toată ţara până la ceasul al nouălea. Şi la ceasul al nouălea, Isus a strigat cu glas tare: „Eloi, Eloi, lama sabactani?", care în traducere înseamnă: „Dumnezeul Meu, Dumnezeul Meu, de ce M-ai părăsit?" (Marcu 15:33-34)

Şase ore mai târziu, la orele nouă, Isus a strigat către Dumnezeu, Eloi, Eloi, lama sabactani? A fost al patrulea cuvânt al lui Isus pe cruce.

Isus era epuizat, căci El fusese atârnat pe cruce preţ de şase ore cu sângele şi apa Lui curgând sub soarele puternic al deşertului. Era complet epuizat. De ce a strigat totuşi?

Fiecare din cele şapte cuvinte ale lui Isus pe cruce au un înţeles spiritual. Dacă nu ar fi fost auzite, ele nu ar mai fi avut niciun rost. Cele şapte cuvinte au fost plănuite să fie scrise limpede în Biblie, pentru ca fiecare să înţeleagă voia lui Dumnezeu.

De aceea El a strigat cele şapte cuvinte pe cruce din toate puterile Sale pentru ca cei din jurul crucii să audă clar şi să le scrie.

Unii spun că Isus a strigat cu indignare la Dumnezeu, pentru că El a trebuit să vină trup pe această lume şi să îndure dureri enorme fără niciun rost. Dar, asta cu siguranţă nu e adevărat.

De ce a strigat Isus *Eloi, Eloi, lama sabactani?*

Motivul pentru care El a venit pe pământ a fost să distrugă lucrarea diavolului şi să deschidă poarta mântuirii pentru noi.

Deci, Isus a urmat voia lui Dumnezeu până la punctul că Îşi dă viaţa şi S-a sacrificat pe El Însuşi complet. Înainte de răstignirea Lui, El S-a rugat mult mai fervent şi sudoarea Lui era precum picăturile de sânge ce cădeau pe jos (Luca 22:42-44). Şi-a îndeplinit misiunea pe de-a-ntregul ştiind de suferinţa ce avea să o îndure pe cruce.

A îndurat tratamente rele şi suferinţe pe cruce pentru că El ştia planul lui Dumnezeu pentru oameni. Cum putea atunci să-i displacă moartea? Strigătul Lui nu a fost un suspin de durere sau reproş la Dumnezeu. Isus a avut motivele sale.

Mai întâi Isus a dorit să vestească lumii că El va fi răstignit pentru a răscumpăra păcătoşii de păcate

El dorea ca toţi să înţeleagă că El a părăsit slava Sa cerească şi că Dumnezeu n-a ţinut seama de El chiar dacă El era singurul şi unicul Fiu al lui Dumnezeu. A strigat tare pentru a lăsa pe toţi să înţeleagă că El suferea de dureri cumplite pe cruce pentru a mântui şi elibera păcătoşii de păcate. Biblia ne arată că El obişnuia să-i spună lui Dumnezeu „Tatăl Meu", dar pe cruce Isus L-a numit „Dumnezeul Meu". Asta pentru că Isus a luat crucea în numele păcătoşilor, iar păcătoşii nu-l pot numi „Tată".

În acel moment, Dumnezeu L-a dezonorat pe Isus ca un păcătos purtând păcatele tuturor oamenilor, iar Isus nu a îndrăznit sa-L cheme pe Dumnezeu „Tată". În acelaşi fel în care tu îi spui Dumnezeu „Tatăl Ava" atunci când ai o iubire reciprocă, dar Îl chemi „Dumnezeu" în loc de „Tată" atunci când eşti departe de Dumnezeu pentru că ai păcătuit sau ai o credinţă slabă.

Dumnezeu vrea ca toţi oamenii să devină copiii Săi adevăraţi ce-L pot chema „Tată" prin acceptarea lui Isus Hristos şi prin păşirea în lumină.

În al doilea rând, Isus a dorit să avertizeze oamenii care nu ştiau de voia lui Dumnezeu şi care trăiau în întuneric

Dumnezeu a trimis pe unicul Său Fiu Isus Hristos în această lume şi I-a permis să fie batjocorit şi răstignit de către propriile Sale creaturi. Isus ştia că Dumnezeu n-a ţinut cont că e Fiul Lui dar mulţimea care L-a răstignit nu ştia voia lui Dumnezeu. El a strigat, „Dumnezeul Meu, Dumnezeul Meu, de ce M-ai părăsit?" pentru a permite celor ce nu ştiau să înţeleagă de iubirea lui Dumnezeu şi să se căiască pentru ca ei să se poată întoarce pe calea mântuirii.

Mi-e sete

În Vechiul Testament, există un număr mare de profeţii despre suferinţele lui Isus pe cruce. În Psalmii 69:21 se spune,

„Mi-au dat fiere de mâncare şi în setea mea, mi-au dat să beau oţet". Aşa cum este prezis în Psalmi, atunci când Isus a spus, „Mi-e sete", oamenii au umezit un burete în oţet, au pus buretele pe tulpina unei plante de isop, şi au ridicat-o la buzele lui Isus.

> *După aceea Isus, ştiind că acum totul s-a sfârşit, ca să se împlinească Scriptura, a zis: „Mi-e sete!" Acolo era un vas plin cu oţet. Şi punând isop în jurul lui, I l-au dus la gură (Ioan 19:28-29).*

Mult înainte ca Isus să Se fi născut în oraşul Betleem, psalmistul a văzut într-o viziune că Isus va fi răstignit şi va muri pe cruce, şi a scris asta. Isus a spus „Mi-e sete" pentru ca Scriptura să fie îndeplinită.

Să ne gândim la înţelesul spiritual al celui de-al cincelea cuvânt al lui Isus pe cruce „Mi-e sete".

Isus a declarat setea Sa spirituală

Multă lume poate îndura foame dar nu sete. Isus era epuizat complet pentru că a fost pironit pe cruce preţ de şase ceasuri şi Şi-a vărsat sîngele sub soarele arzător al deşertului. Gradul Său de sete a fost dincolo de orice imaginaţie.

Asta nu pentru a spune că Isus nu putea suporta setea când a zis „Mi-e sete". El ştia că în curând se va întoarce în pace la Dumnezeu.

De fapt El suferea mai mult de setea spirituală, decât de cea fizică. Aceasta este dorinţa puternică a lui Isus către copiii lui Dumnezeu: „Mi-e sete căci Mi-am vărsat sângele. Eliberaţi-mi setea plătind pentru sângele meu".

Două mii de ani au trecut de la moartea lui Isus pe cruce, însă El încă ne spune că Îi e sete. Setea Lui a fost de la vărsarea sângelui Lui. Şi-a vărsat sângele pentru a ne ierta de păcatele noastre şi pentru a ne dărui viaţa veşnică.

Isus îţi spune că Îi e sete pentru a demonstra dorinţa Lui de a mântui acele suflete rătăcite. De aceea, copiii lui Dumnezeu care sunt mântuiţi prin sângele lui Isus vor trebui să compenseze sângele Lui.

Felul în care plăteşti pentru sângele Lui şi potoleşti setea Lui este acela de a conduce lumea pe calea necunoscută din iad spre rai.

De aceea, trebuie să fii recunoscător lui Isus pentru că Şi-a vărsat sângele şi să-I potoleşti setea prin conducerea oamenilor pe calea mântuirii.

S-a terminat

În Ioan 19:30 Isus a primit de băut şi a spus „S-a terminat" Şi-a aplecat capul şi Şi-a dat duhul. Isus a acceptat buretele înmuiat şi pus pe un băţ de isop. Nu a fost pentru că Isus nu a putut suporta setea. Există un înţeles spiritual în moartea Sa.

Motivul pentru care Isus a venit trup pe această lume a fost ca să fie răstignit pentru păcatele omenirii. În marea Sa iubire pentru noi, Isus a îndeplinit legea Vechiului Testament şi a purtat toate păcatele şi blestemele omenirii în numele Său. Pe timpul Vechiului Testament, oamenii ofereau ofrande, precum sângele de animal lui Dumnezeu atunci când ei păcătuiau. Dar, Isus a făcut un singur sacrificiu pentru păcatele din toate timpurile vărsându-Şi sângele (Everi 10:11-12). Deci, păcatele tale sunt iertate atunci când Îl accepţi pe Isus Hristos, pentru că El deja te-a eliberat. Harul mântuirii prin Isus Hristos trimite la noul vin, şi El a băut oţet pentru a ne da nouă vin nou.

Înţelesul spiritual al cuvântului „S-a terminat"

Isus a spus „S-a terminat" şi Şi-a dat duhul. Ce înseamnă asta din punct de vedere spiritual?

Isus a devenit trup, a venit pe pământ, a predicat evanghelia, a vindecat toate bolile şi slăbiciunile, a deschis calea spre mântuire luând crucea pentru toţi aceia care au fost sortiţi morţii.

El a îndeplinit legea Vechiului Testament cu iubire până la sacrificarea Sa Însăşi către moarte. De asemenea, L-a învins pe diavol complet distrugând lucrarea lui. Asta este, El a terminat planul divin pentru mântuirea omenirii. De aceea Isus a spus „S-a terminat" pe cruce.

Dumnezeu voieşte ca copiii Lui să îndeplinească tot prin a trăi conform voiei Lui aşa precum unicul Său Fiu Isus a îndeplinit toate providenţele de mântuire prin ascultarea Tatălui până la punctul de a-Şi sacrifica viaţa potrivit voinţei şi planului lui Dumnezeu.

Deci, trebuia ca mai întâi să imiţi inima Dimnului tău prin a acumula iubire spirituală: purtarea celor şapte roade ale Duhului

Sfânt (Galateni 5:22-23) şi terminarea la bun sfârşit a Fericirii (Matei 5:3-10). Apoi va trebui să fii credincios lucrării ce ţi-a fost dată de Domnul. Trebuie să conduci cât mai mulţi oameni Domnului să se roage fervent, predicând evanghelia, şi servind biserica.

Sper ca fiecare dintre voi, copii preţuiţi ai lui Dumnezeu, să câştigaţi pământul cu credinţa fermă, speranţa pentru rai şi iubire de Dumnezeu, şi să mărturisiţi „S-a terminat" ascultând de voinţa Domnului, aşa cum ne-a demonstrat Domnul nostru Isus Hristos.

Tată, în mâinile Tale încredinţez duhul Meu

La momentul când El a pronunţat ultimele Sale cuvinte pe cruce, Isus era complet epuizat. În aceste condiţii, Isus a chemat cu o voce puternică, „Tată, în mâinile tale încredinţez duhul Meu".

Isus a strigat cu glas tare şi a zis: „Tată, în mâinile Tale Îmi încredinţez duhul". Şi când a zis aceste cuvinte Şi-a dat duhul. (Luca 23:46).

Poţi remarca cum că Isus a spus Dumnezeului „Tată" în loc de „Dumnezeul Meu". Asta arată că Isus a dus la bun sfârşit misiunea Sa cu un sacrificiu suprem.

Isus Şi-a încredinţat duhul şi sufletul lui Dumnezeu

De ce Isus, care a venit pe pământ ca Mântuitorul nostru, Şi-a încredinţat duhul şi sufletul Său în mâinile tatălui Său?

Omul este alcătuit din duh, suflet şi trup (1 Tesaloniceni 5:23). Atunci când moare duhul şi sufletul său părăsesc trupul. Duhul şi sufletul merg înapoi la Dumnezeu dacă este un copil al lui Dumnezeu. Altfel, duhul şi sufletul lui vor merge în iad (Luca 16:19-31). Trupul său e îngropat şi se întoarece în ţărână.

Isus, Fiul lui Dumnezeu, a devenit trup şi a venit pe această lume. El avea duh, suflet şi trup la fel ca noi. Când a fost răstignit, trupul Lui a murit, însă duhul şi sufletul Lui nu; El Şi-a încredinţat duhul şi sufletul în mâinile lui Dumnezeu.

Dumnezeu primeşte atât duhul cât şi sufletul când mori. Dacă Dumnezeu primeşte doar duhul, dar nu şi sufletul, nu vei trăi niciodată fericirea supremă în rai şi nu vei putea fi recunoscător din adâncul inimii tale. De ce? Pentru că nu îţi vei aminti lucruri ce au ieşit din duhul tău, precum lacrimile, regretul, suferinţele şi alte lucruri pe care le-ai îndurat pe pământ. De aceea Dumnezeu primeşte atât duhul cât şi sufletul.

De ce atunci, Isus Şi-a încredinţat sufletul şi duhul Său lui Dumnezeu? Pentru că Dumnezeu este Creatorul ce domneşte peste tot în univers şi are grijă de viaţa, moartea, blestemul şi binecuvântarea ta. Altfel zis, totul aparţine lui Dumnezeu şi este sub suveranitatea Lui. Dumnezeu este singurul ce răspunde rugăciunilor tale. Deci, Isus Însuşi a trebuit să se roage pentru a Îşi încredinţa duhul şi sufletul Său Dumnezeului Tatăl (Matei 10:29-31).

Isus S-a rugat cu glas tare

De ce Isus S-a rugat cu glas tare deși era în mijlocul unei mari suferințe, spunând „Tată, în mâinile Tale Îmi încredințez duhul"?

Pentru că El dorea ca lumea să audă și să știe că strigătul Său de rugăciune era voia lui Dumnezeu. Rugăciunea Lui pentru încredințarea duhului Său către Dumnezeu a fost cea mai arzătoare rugăminte a Lui la Gețimani puțin după arestarea Lui.

De asemenea, rugăciunea lui Isus, „Tată, în mâinile Tale Îmi încredințez duhul" demonstrează că Isus a îndeplinit totul conform voiei lui Dumnezeu. Așa este, El putea acum să-Și încredințeze duhul lui Dumnezeu de o manieră mândră după ce a terminat lucrarea sa ascultându-L deplin pe Dumnezeu.

M-am luptat lupta cea bună, mi-am sfârșit alegerea, am păzit credința. De acum mă așteaptă cununa dreptății, pe care mi-o va da în „ziua aceea" Domnul Judecătorul cel drept; și nu numai mie, ci și tuturor celor ce iubesc arătarea Lui. (2 Timotei 4:7-8).

Diaconul Ștefan de asemenea a trăit conform voiei lui Dumnezeu și și-a păstrat credința. De aceea se putea ruga „Domnul Isus, primește-mi duhul" în timp ce-și dădea duhul (Faptele Apostolilor 7:59). Apostolii Pavel și Ștefan nu s-ar fi putut ruga în acest fel dacă ar fi avut vieți lumești, ce urmăreau să împiedice împiedicarea plăcerilor de natură păcătoasă.

To așa, poți spune mândru, „S-a terminat" și „Tată, în mîinile Tale îmi încredințez duhul", în felul în care a făcut Isus, atunci când vei fi trăit conform voiei Dumnezeului Tatăl.

Ce s-a întâmplat după moartea Lui Isus?

Isus a murit pe cruce după ce a spus cu glas tare ultimele Sale cuvinte. Erau ceasurile nouă (ora trei a amiezii). Chiar dacă era zi, întunericul s-a lăsat peste toată țara de la ceasurile șase (amiază) până la orele nouă iar perdeaua templului a fost ruptă în două (Luca 23:44-45).

> *Și iată, perdeaua templului s-a rupt în două, de sus până jos, pământul s-a cutremurat, stâncile s-au despicat, mormintele s-au deschis; și multe trupuri ale sfinților care muriseră au înviat. Ei au ieșit din morminte după învierea Lui, au intrat în sfânta cetate și s-au arătat multora. (Matei 27:51-53).*

Există un important înțeles spiritual în „perdeaua templului s-a rupt în două de sus până jos". Perdeaua lungă a templului era pentru a împărți Locul Sfânt de Sfântul Sfinților. Nimeni nu putea intra în Locul Preasfânt cu excepția preotului și doar preotul cel mai înalt putea să intre în Sfântul Sfinților o dată pe an.

Ruperea perdelei templului indică că Isus S-a oferit pe El ca liniște, dorind să dărâme zidul păcatelor. Înainte ca perdeaua să fie ruptă în două, înaltul preot a dăruit ofrande păcatoase în numele oamenilor și a fost mediatorul între ei și Dumnezeu.

Poți avea o relație directă cu Dumnezeu pentru că zidul

păcatelor a fost dărâmat prin moartea lui Isus. De aceea, oricine crede în Isus Hristos poate intra în sanctuarul sfânt și poate venera și să se roage la Dumnezeu fără medierea marilor preoți sau a profeților.

De aceea, autorul Evreilor, remarcă, *„Astfel, fraților, fiindcă prin sângele lui Isus avem o deplină libertate să intrăm în Locul Preasfânt, pe calea cea nouă și vie pe care El ne-a deschis-o prin perdeaua dinăuntru, adică din trupul Său"*. (Evrei 10:19-20).

În plus, pământul s-a cutremurat și stâncile s-au despicat. Toate aceste evenimente supranaturale îți spun întreaga natură prin care această lume a fost cutremurată. Era reprezentarea supărării lui Dumnezeu adusă aupra răutății omului. Dumnezeu Și-a exprimat durerea profundă pentru că inima omului era prea tare ca să-L primească pe Isus Hristos, chiar dacă Dumnezeu Își dăruise unicul Său Fiu pentru a-i mântui.

Mormintele s-au deschis și trupurile multor sfinți care au murit, au înviat. Este dovada renașterii că oricine crede în Isus Hristos este iertat și i se dă viață din nou.

Astfel, sper să înțelegi înțelesul spiritual și iubirea Domnului și a ultimelor Sale șapte cuvinte pe cruce pentru ca tu să ai o viață creștină victorioasă cu dorința arzătoare a apariției Domnului, precum strămoșii credinței au apărut.

Capitolul 8

CREDINȚA ADEVĂRATĂ ȘI VIAȚA VEȘNICĂ

- Ce taină profundă este!
- Falsele confesiuni nu te conduc spre mântuire
- Trupul și sângele Fiului Omului
- Iertarea doar prin pășirea în lumină
- Credința însoțită de fapte este adevărata credință

Cine mănâncă trupul Meu şi bea sângele Meu are viaţa veşnică; şi Eu îl voi învia în ziua de la urmă. Căci trupul Meu este adevărată hrană şi sângele Meu adevărată băutură. Cine mănâncă trupul Meu şi bea sângele Meu rămâne în Mine şi Eu în el. După cum Tatăl, care este viu, M-a trimis pe Mine şi Eu trăiesc prin Tatăl, tot aşa, cine Mă mănâncă pe Mine va trăi şi el prin Mine.

Ioan 6:54-57

Țelul suprem a celui ce crede în Isus Hristos și care merge la biserică, este acela să fie mântuit și să obțină viața veșnică. Totuși, multă lume crede că ei vor fi mântuiți doar mergând la biserică duminicile și spunând că ei cred în Isus Hristos, fără a trăi conform cuvântului lui Dumnezeu.

Desigur, așa cum se spune în Galateni 2:16, *,, Totuși, fiindcă știm că omul nu este îndreptățit prin faptele legii, ci numai prin credința în Isus Hristos, am crezut și noi în Hristos Isus, ca să fim îndreptățiți prin credința lui Hristos, iar nu prin faptele legii, pentru că prin faptele legii nu va fi îndreptățit"*, nu vei putea intra în rai sau să fi îndreptățit doar observând legea din exterior, în special când inima ta este plină de răutate. Nu ai o relație cu Isus Hristos, dacă continui să comiți păcate și nu urmezi cuvântul lui Dumnezeu chiar și după ce l-ai învățat.

Astfe, trebuie să realizezi că este dificil pentru tine să fii mântuit doar profesând credința pe buzele tale. Sângele lui Isus Hristos te purifică de păcatele tale și te mântuiește doar când vei păși în lumină și vei trăi în adevăr. Trebuie să ai credință adevărată însoțită de fapte (1 Ioan 1:5-7).

Acum, haide să vedem în detaliu cum poți avea credință adevărată pentru a primi mântuirea toată și viața veșnică exact ca niște copii adevărați ai lui Dumnezeu.

Ce taină profundă este!

Se spune în Efeseni 5:31-32 că, *„de aceea va lăsa omul pe tatăl său şi pe mama sa şi se va lipi de soţia sa şi cei doi vor fi un singur trup. Taina Aceasta este mare; dar vorbesc despre Hristos şi despre Biserică"*.

Este de bun simţ ca copiii să-şi lase părinţii şi să fie unit cu soţia lui atunci când cresc. De ce a spus atunci Dumnezeu că asta a fost o taină profundă? Dacă interpretezi şi înţelegi acest verset literal, nu vei ştii ce înseamnă „taină profundă", dar dacă înţelegi înţelesul spiritual din spatele ei, vei fi umplut cu fericire.

„Biserica" aici se referă la copiii lui Dumnezeu care au primit pe Duhul Sfânt. Cu alte cuvinte, Dumnezeu compară relaţia între Isus Hristos şi credincioşi ca cea între unirea unui bărbat cu o femeie.

Cum poţi părăsi această lume şi să fii unit cu Mirele Isus Hristos?

Dacă îl accepţi cu credinţă pe Isus Hristos

Încă de când primul om, Adam, a păcătuit neascultându-L pe Dumnezeu, păcatul a intrat în această lume. Toţi urmaşii lui au devenit robi ai păcatului şi copii ai vrăjmaşului diavolul care domneşte peste această lume.

Obişnuiai să aparţii acestei lumii şi vrăjmaşului diavolul, care are puterea întunericului peste acstă lume, înainte ca tu să-L fii acceptat pe Isus Hristos. Asta este confirmat în Ioan 8:44 care spune: *„Voi aveţi de tată pe Diavolul şi vreţi să împliniţi* *poftele tatălui vostru. El de la început a fost ucigaș și n-a stat în adevăr, pentru că în el nu este adevăr. Ori de câte ori spune o minciună, vorbește din ale sale, căci este mincinos și tatăl minciunii"*, și 1 Ioan 3:8 care spune, *„cine practică păcatul este de la Diavolul, căci Diavolul păcătuiește de la început."*

Totuși, atunci când Îl accepți pe Isus Hristos ca Mântuitorul tău și vii înspre lumină, primești dreptul de copil al lui Dumnezeu și devii liber de păcate, pentru că păcatele tale sunt iertate prin sângele lui Isus Hristos.

Dacă ai credința că Isus Hristos te-a eliberat de păcatele tale prin răstignirea Sa pe cruce, Dumnezeu îți dă Duhul Sfânt ca și cadou, iar Duhul Sfânt va da naștere duhului în inima ta. Duhul Sfânt îți spune și te învață voia lui Dumnezeu și cum să te comporți și să trăiești în adevăr.

Apoi devii copil al lui Dumnezeu condus de Duhul Sfânt, și prin El strigi, „Tată Ava" (Romanii 8:14-15), și vei moșteni împărăția raiului.

Cât de minunat și tainic e ca copiii diavolului ce odată au căzut în moartea veșnică, să devină copii ai lui Dumnezeu ce sunt conduși acum spre rai prin credință!

Atunci când ești unit cu Isus Hristos prin credința în El, Duhul Sfânt vine în inima ta și este unit cu samânța vieții. Dumnezeu a creat primul om din țărână și a suflat suflare de viață prin nările sale. Suflarea de viață este samânța vieții, viața insăși. Deci, nu poate muri niciodată și a fost transmisă urmașilor prin sperma și ovulele oamenilor din generație în generație.

Samânța vieții este înfășurată în jurul inimii. După ce

Dumnezeu L-a creat pe Adam, El a sădit cunoştinţa vieţii, cunoştinţa duhului în inima sa. Felul în care un nou născut trebuie să înveţe cunoştinţele din această lume pentru a deveni un om de cultură şi caracter şi să trăiască precum o fiinţă umană, tot aşa o fiinţă vie are nevoie de cunoştinţa vieţii să devină o adevărată fiinţă vie, chiar dacă ea are deja viaţă.

Adam odată a fost umplut doar cu cunoştinţa duhului, adică adevărul. Dar el nu L-a ascultat pe Dumnezeu, iar comunicarea cu Dumnezeu a fost întreruptă. Apoi el a început să piardă cunoştinţa duhului puţin câte puţin, şi neadevărul a luat loc în inima sa.

De atunci, inima care fusese umplută doar cu adevăr a devenit umplută cu două părţi: adevăr şi neadevăr. De exemplu, Adam avea iubire în inima sa, dar vrăjmaşul diavolul a sădit neadevărul numit vrajbă în el. Ca rezultat, aşa cum poţi vedea în Geneza 4, Cain, care a fost fiul lui Adam a comis un păcat, ucigându-şi fratele Abel din cauza invidiei şi geloziei.

Odată cu trecerea timpului, o altă parte a început să se dezvolte în inima lui, şi a fost umplută cu adevăr şi neadevăr. Acea parte e numită „fire". Moşteneşti caracteristicile şi trăsăturile părinţilor. Absorbi ceea ce vezi, auzi şi înveţi, împreună cu sentimentele minţii tale. Acestea două formează „firea" ce e în căutarea adevărului.

Această fire e adesea numită „conştiinţă" şi este formată foarte diferit depinzând de felurile de oameni pe care-i întâlneşti, cărţile pe care le citeşti, şi circumstanţele în care ai fost crescut. De exemplu, când priveşti acelaşi eveniment sau persoană, unii spun „E diavolesc", în timp ce alţii ar putea spune, „este bun", sau

„aparține bunătății".

De aceea, atunci când analizezi inima cuiva, există o parte adevărată ce aparține lui Dumnezeu, și o parte neadevărată ce aparține Satanei, și firea cuiva este formată ca rezultat a acestor două părți.

Duhul Sfânt unit cu sămânța vieții în inimă

În cazul lui Adam, aceste trei părți înfășurau sămânța vieții ce i-a fost dată de către Dumnezeu în inimă. Această situație este când cuvântul lui Dumnezeu „vei muri negreșit" a fost îndeplinită după ce Adam a mâncat din pomul cunoștinței binelui și răului. Chiar dacă acolo e sămânța vieții, nu există diferență în a fi mort dacă ea nu funcționează.

De exemplu, atunci când semeni semințele pe câmp, nu toate semințele vor încolți pentru că unele dintre ele sunt deja moarte. Totuși, dacă semințele sunt vii, cu siguranță vor încolți.

Este același lucru cu ființele umane. Dacă sămânța vieții ce ți-a fost dată de Dumnezeu este complet moartă, nu poate reînvia, și nu e nevoie ca Dumnezeu să-L pregătească pe Isus Hristos pentru mântuirea omenirii sau să creeze raiul și iadul.

Dar, sămânța vieții dată omului când Dumnezeu a suflat suflare de viață în el este veșnică. Atunci când primești evanghelia, semințele vieții renasc, cu cât partea de adevăr este mai mare în inima ta, cu atât mai ușor poți accepta evanghelia. Oricine ascultă mesajul crucii și-L acceptă pe Isus Hristos primește Duhul Sfânt. În acest moment, sămânța vieții din inima ta este unită cu Duhul Sfânt.

Dimpotrivă, oamenii cu conştiinţă ce au pârjolit precum un fier încins, nu au loc pentru evanghelie în inima lor pentru că neadevărul înfăşoară şi ascunde sămânţa vieţii în inimile lor. Sămânţa vieţii care a fost moartă capătă puteri pentru a-şi îndeplini funcţia atunci când se combină cu marea putere a lui Dumnezeu, Duhul Sfânt.

Să devii un om al duhului

Când participi la şedinţe de rugăciune, realizezi cuvântul lui Dumnezeu, şi te rogi, harul şi puterea lui Dumnezeu vin asupra ta şi te lasă să urmezi firea Duhului Sfânt.

Prin acest proces, inima şi duhul tău devin una pe măsură ce inima ta devine tot mai mult şi mai mult adevărată prin îndepărtarea neadevărului din ea şi umplerea ei doar cu adevăr. Dacă inima cuiva este complet umplută cu cunoştinţa duhului şi adevărului, această inimă este însuşi duh aşa cum a fost şi cea a primului om, al lui Adam.

Chiar dacă arăţi a credincios, acţionezi conform firii tale dacă nu te rogi. Duhul Sfânt din tine nu poate da naştere duhului şi tu încă eşti un om din trup. Mai mult, nu poţi urma firea Duhului Sfânt dacă nu te lepezi de propriile tale gânduri şi argumente, chiar dacă te rogi foarte sârguincios şi de multă vreme. De aceea, nu poţi fi transformat din om în duh.

Duhul Sfânt îţi permite să gândeşti conform adevărului din inima ta. Asta este, trăieşti după voia Duhului Sfânt. Tot aşa, Satana lucrează în acelaşi fel pentru a te duce pe drumul spre pierzanie prin amăgirea ta să urmezi gândurile trupeşti atâta vreme cât ai neadevărul în inima ta.

Astfel, dacă renunţi la gândurile trupeşti şi la propria ta dreptate aşa cum se spune în 2 Corinteni 10:5, *„Noi răsturnăm raţionamentele şi orice înălţime care se ridică împotriva lui Dumnezeu; şi orice gând îl facem rob ascultării de Hristos."*

Atunci când urmezi cuvântul lui Dumnezeu spunând „Da", şi urmezi voia Duhului Sfânt, inima ta va fi umplută cu adevăr, şi atunci poţi deveni un om perfect sanctificat duhului.

Poţi primi orice ceri

Devii una cu Domnul când te lepezi de tot neadevărul, te rupi de „dreptatea ta" dând naştere duhului cu Dhul Sfânt, şi îţi faci inima tot de atât de curată precum inima Domnului tău Isus Hristos.

Un bărbat şi o femeie devin acelaşi trup şi dau naştere unui copil prin unificarea spermatozoidului cu ovulul. Tot aşa, când ieşi din lumea asta şi devii una cu Isus Hristos, mirele tău prin acceptarea Lui, vei da naştere duhului cu Duhul Sfânt şi vei primi din belşug binecuvântarea de a fi copilul lui Dumnezeu.

Aşa cum se spune în Romani 12:3, există multe măsuri pentru credinţă, şi primeşti răspunsuri conform acestor măsuri. În 1 Ioan 2:12 şi următoarele, creşterea credinţei este comparat cu procesul de creştere a oamenilor.

Acei ce Îl acceptă pe Isus Hristos, primeşte Duhul Sfânt si sunt mântuiţi şi au credinţa unor copii mici (1 Ioan 2:12). Cei ce încearcă să transpună adevărul în fapte au credinţa copiilor (1 Ioan 2:13). Atunci când cresc mai mult din această situaţie şi aplică repede adevărul în fapte, ei au credința unor tineri (1 Ioan 2:13). Dacă cresc mai mult, ei au credința unor tați (1 Ioan 2:13).

Atunci când citești despre Iov în Vechiul Testament, Dumnezeu te recunoaște ca fără pată și drept, dar când Satana L-a provocat, Dumnezeu a lăsat Satana să-l testeze pe Iov. La început, Iov a insistat că era drept. Totuși, curând și-a dat seama de răutatea lui și s- căit în fața lui Dumnezeu atunci când firea sa rea a fost arătată la acest test. Spiritul de dreptate al lui Iob a fost spulberat și inima lui a devenit dreaptă și pură în ochii lui Dumnezeu. Doar atunci a putut Dumnezeu să-l binecuvânteze de două ori mai mult ca înainte.

Tot așa, dacă obții masura de credință a tatălui, care este cel mai înalt grad de credință, prin spulberarea sentimentului de auto-dreptate și devii una cu Domnul, poți primi binecuvântări bogate ca și copil al lui Dumnezeu. Asta este ceea ce ți-a promis Dumnezeu în 1 Ioan 3:21-22: *„Preaiubiților, dacă nu ne condamnă inima noastră, avem îndrăzneală la Dumnezeu. Și orice vom cere, vom primi de la El fiindcă păzim poruncile Lui și facem ce este plăcut înaintea Lui.”*

Te poți bucura de binecuvântările ca copil al lui Dumnezeu

În acest fel, devii una cu Isus Hristos până la măsura că vei deveni un suflet. De asemenea vei primi binecuvântarea de a deveni una cu Dumnezeu cu cât îndeplinești mai mult dreptatea lui Dumnezeu.

Isus Ți-a promis în Ioan 15:7 că „*Dacă rămâneți în Mine și cuvintele Mele rămân în voi, cereți orice veți vrea și vi se va da.*" De asemenea în Ioan 17:21, El ne-a spus „*ca toți să fie una, cum Tu, tată, ești în mine și Eu în Tine; ca și ei să fie una în Noi, pentru ca lumea să creadă că Tu M-ai trimis.*"

Tot așa, dacă ești unit cu Domnul prin ieșirea din lumea asta care este guvernată de puterea întunecată a diavolului, devii una cu Dumnezeul Tatăl. Referitor la asta, Galatenii 4:4-7 spune după cum urmează:

> *Dar când a venit împlinirea vremii, Dumnezeu a trimis pe fiul Său, născut din femeie, născut sub lege, ca să răscumpere pe cei de sub lege, ca să căpătăm învierea. Și pentru că sunteți fii, Dumnezeu ne-a trimis în inimă Duhului Fiului Său, care strigă: „Ava, adică Tată!"*

Felul în care oamenii moștenesc posesiuni de la părinții lor, tot așa moștenești împărăția lui Dumnezeu când devii copilul Său prin acceptarea lui Isus Hristos. Așa este, copiii diavolului moștenesc iadul de la diavol, iar copiii lui Dumnezeu moștenesc raiul de la Dumnezeu.

Totuși, trebuie să ții minte că cei care nu dau naștere duhului de la Duhul Sfânt trebuie să meargă în iad pentru că raiul este un loc pur umplut doar cu adevăr, iar asta până la măsura duhului tău înseamnă prosperitate și devii una cu Dumnezeu, vei obține slava de a locui aproape de Dumnezeu în rai.

De aceea, sper să primești binecuvântarea vieții eterne prin acceptarea lui Isus Hristos, mirele tău și să devii una cu Domnul

Isus şi Dumnezeul Tatăl prin lepădarea de toate neadevărurile şi sentimentul de auto-dreptate. În acest fel, poți dărui toată slava lui Dumnezeu.

Falsele confesiuni nu te conduc spre mântuire

Isus Hristos devine adevăratul tău mire ce te conduce spre calea vieții eterne şi te binecuvântează atunci când eşti unit cu El prin credință. Dacă te asemeni cu inima lui Isus Hristos mirele tău şi ajungi la credința perfectă, nu doar că moşteneşti împărăția raiului, dar vei străluci precum soarele acolo.

Atunci când citeşti Biblia cu atenție, vei găsi că oameni care pretind că cred în Dumnezeu nu sunt mântuiți. În Matei 25, există o parabolă a celor zece fecioare. Cinci fecioare înțelepte care pregăteau ulei au fost mântuite, dar cele cinci fecioare neînțelepte nu au putut fi mântuite.

În acelaşi mod, Dumnezeu îți spune limpede în Biblie cine nu poate fi mântuit, chiar dacă fiecare dintre ei pretinde că ar avea credință. Atunci vei ştii felul de viață pe care trebuie să-l trăieşti pentru a fi mântuit.

Este spus clar în Matei 7:21, *„Nu orişcine-Mi zice Doamne: Doamne, Doamne! Va intra în împărăția cerurilor, ci cel care va face voia Tatălui Meu care este ceruri."* Dacă îl chemi pe Isus „Doamne, Doamne" înseamnă că tu crezi că Isus este Hristosul. Dar, nu poți fi mântuit doar chemându-L pe numele Domnului şi prin participarea slujbelor de biserică duminica.

CREDINŢA ADEVĂRATĂ ŞI VIAŢA VEŞNICĂ _ 181

Făcătorii de rău nu pot fi mântuiţi

Dumnezeu îţi spune despre Judecată în Matei 13:40-42:

Deci, cum se smulge neghina şi se arde în foc, aşa va fi şi la sfârşitul veacului. Fiul Omului va trimite pe îngerii Săi şi ei vor culege din împărăţia Lui toate pricinile de păcătuire şi pe cei care practică fărădelegea şi-i vor arunca în cuptorul de foc; acolo va fi şi plânsul şi scrâşnirea dinţilor.

Aşa cum un fermier recoltează recolta, el adună grâul în hambarul său, dar arde neghina cu focul. În acelaşi fel, Dumnezeu Îţi spune că cei care nu sunt drepţi în ochii lui Dumnezeu trebuie să îndure pedeapsa.

„Toate pricinile de păcătuire" se referă la aceia care pretind că cred în Dumnezeu, dar amăgesc fraţii şi surorile în credinţă şi îi fac să-şi piardă credinţa. Deci, nu vei fi mântuit dacă faci oamenii să păcătuiască sau să facă rău.

Ce este atunci răul? 1 Ioan 3:4 spune că „*Oricine practică păcatul, practică şi fărădelegea; şi păcatul este fărădelegea.*"

Aşa cum fiecare ţară are setul ei de legi, există de asemenea o lege spirituală în împărăţia lui Dumnezeu. Legea împărăţiei spirituale este cuvântul lui Dumnezeu scris în Biblie. Oricine încalcă cuvântul lui Dumnezeu este condamnat ca şi acela care încalcă legea şi este condamnat conform legii. De aceea, încălcarea cuvântului lui Dumnezeu este un lucru rău şi un păcat.

Legea lui Dumnezeu poate fi foarte bine împărțită în patru categorii: „de făcut", „a nu se face", „păstrează" și „leapădă". De vreme ce Dumnezeu este lumină, El spune copiilor Săi ceea ce e drept, nu ceea ce e greșit, să păstreze datoria de copii ai lui Dumnezeu și să se lepede de ceea ce e potrivnic lui Dumnezeu, pentru că El dorește ca copiii Lui să trăiască în lumină.

În Deuteronomul 10:12 Dumnezeu ne îndeamnă, „*Acum, Israele, ce altceva cere DOMNUL Dumnezeu tău de la tine, decât să te temi de DOMNUL Dumnezeul tău, să umbli în toate căile Lui, să iubești și să slujești DOMNULUI Dumnezeului tău, cu toată inima ta și cu tot sufletul tău?*" Pe de o parte, vei primi binecuvântari dacă pui în faptă cuvântul lui Dumnezeu. Pe de altă parte, vei primi moartea veșnică pentru răul și păcatul care le faci, dacă nu trăiești după cuvântul Lui.

Galatenii 5:19-21 remarcă lucrarea trupului:

> *Și faptele firii păcătoase sunt cunoscute și sunt: adulter, desfrânare, necurăție, destrăbălare, idolatrie, vrăjitorie, vrăjmășii, certuri, gelozii, mânii, neînțelegeri, dezbinări, secte, invidii, ucideri, beții, petreceri dezmățate și alte lucruri asemănătoare cu acestea. Vă spun mai dinainte, cum am mai spus, că cei care fac astfel de lucruri nu vor moșteni împărăția lui Dumnezeu.*

„Imoralitatea" se referă la toate tipurile de necurățenie sexuală și nu la a rămâne cast, inclusiv la relațiile sexuale înainte de căsătoria legală. „Necurăţenie" aici înseamnă fapte dezordonate dincolo de bunul simţ rezultând din natura lor păcătoasă.

„Senzualitate" este atunci când mereu urmezi imoralitatea păcătoasă şi sexuală şi trăieşti prin cuvinte şi fapte adulterine. „Idolatria" este închinarea la obiecte care sunt făcute din aur, argint, bronz sau orice alt material, sau când iubeşti ceva mai mult decât pe Dumnezeu.

„Vrăjitoria" este să amăgeşti pe cineva cu minciuni viclene. „Vrăjmăşia" este atunci când ai dorinţa de a distruge alte persoane în vrăjmăşie, este opusul iubirii. „Cearta" se referă la fapte de luptă pentru a căuta beneficiul personal şi putere. „Gelozia" este să urăşti pe cineva pentru că simţi că este mai bine ca tine. „Izbucniri de nervi" nu înseamnă doar să fii nervos, ci să cauzezi şi pagube altora din cauza furiei tale. „Disputele" se referă când faci un grup separat şi urmezi lucrarea Satanei pentru că nu eşti de acord cu ceilalţi. „Disensiunile" este să faci parte şi separat de propriile tale gânduri, şi nu gândurile Duhului Sfânt. „Dezbinarea" se referă la negarea lui Dumnezeu, Trinităţii, Isus care a devenit trup, şi care Şi-a vărsat sângele pentru a răscumpăra pe oameni devenind apoi Hristos.

„Invidia" este distrugerea sau îndeplinirea de fapte dăunătoare împotriva cuiva din cauza geloziei. „Beţia" este fapta de a bea alcool, iar „destrăbălarea" înseamnă nu doar să te îmbeţi, să ai o viaţă indulgentă cu tine, lipsă de control, dar de asemenea eşuarea de îndeplinire a datoriei corespunzător ca soţ sau ca părinte.

În plus „şi alte lucruri ca acestea" se referă la multe fapte păcătoase similare cu acestea, şi cei care comit astfel de fapte nu vor fi mântuiţi.

Păcate ce duc spre moarte şi păcate ce nu duc spre moarte

În această lume, „păcat" este considerat „păcat" atunci când rezultatul acelui păcat este evident şi paguba fizică celeilalte părţi este sprijinită prin dovezi sonore. Totuşi, Dumnezeu, ce este lumină, ne spune că nu doar faptele păcătoase dar şi toate întunecările ce sunt împotriva luminii sunt păcate.

Deşi ele nu sunt arătate sau percepute, toate dorinţele păcătoase din inima ta precum ura, invidia, gelozia, plăcerea trupească, judecarea altora, condamnarea, lipsa de inimă şi minţile necinstite sunt fapte rele şi păcate de asemenea.

De aceea Dumnezeu ne spune, „*Dar Eu vă spun că orişicine se uită la o femeie ca s-o poftească, a şi comis adulter cu ea în inima lui*" (Matei 5:28), şi „*oricine urăşte pe fratele său este un ucigaş; şi ştiţi că niciun uncigaş n-are viaţa veşnică rămânând în el*" (1 Ioan 3:15). În plus, în Romanii 14:23 se spune, „*Dar cel care ezită, dacă mănâncă, este condamnat, pentru că nu face acest lucru din credinţă. Tot ce nu vine din credinţă e păcat*", şi Iacov 4:17 „*deci, cine ştie să facă bine şi nu-l face păcătuieşte*". Deci, trebuie să realizezi că este un păcat şi fărădelege să nu faci ceea ce Dumnezeu voieşte şi porunceşte.

Totuşi, vor muri toţi aceşti oameni dacă comit aceste păcate? Trebuie să înţelegi că trebuie să trăieşti în adevăr dacă cineva încearcă să nu mai mintă şi încearcă să trăiască precum un om al adevărului. Chiar dacă nu s-au lepădat de toată necinstea din inimile lor din cauza credinței lor slabe, nu este adevărat că nu vor fi mântuiți din cauza acestui păcat.

1 Ioan 5:16-17 ne spune, *„Dacă vede pe cineva pe fratele său făcând un păcat care nu duce la moarte, să se roage; și Dumnezeu îi va da viața, anume acelor care n-au făcut un păcat care duce la moarte. Este un păcat care duce la moarte; nu-i zic să se roage pentru acela."*

Păcatele în general sunt împărțite în două categorii: cele care duc la moarte și cele care nu duc la moarte. Acei care comit păcate ce nu duc la moarte pot fi mântuiți dacă îi încurajezi, te rogi pentru ei, și îi ajuți să se căiască de păcatele lor. Dar, dacă cineva comite un păcat ce duce la moarte nu poate fi mântuit chiar dacă te rogi pentru el.

Oamenii au considerat cinstit ca uneori să mai mintă în beneficiul lor, sau să facă multe fapte necinstite chiar dacă faptele lor nu fac rău altora. Vei conștientiza că ați fost păcătoși când veți trăi adevărul, deși te-ai gândit că ai trăit o viață dreaptă înainte și ai crezut în Dumnezeu. Dumnezeu Îți arată nu doar păcatele care pot fi văzute dar și gândurile rele din inimile voastre, toate dintre ele sunt păcate.

Toate faptele greșite sunt păcate și răsplata păcatului este moartea. Totuși, Isus Hristos a iertat toate păcatele noastre din trecut, din prezent și viitor prin vărsarea Lui de sânge pe cruce. Există păcate ce pot fi iertate prin puterea sângelui lui Isus atunci când te căiești și te întorci cu spatele la ele. Acestea sunt păcatele care nu duc spre moarte.

Dacă nu te căiești și continui să păcătuiești, conștiința ta va deveni aspră. Apoi, eventual, nu mai poți primi duhul căinței dacă comiți un păcat ce duce la moarte. Deci, păcatele tale nu pot fi iertate chiar dacă încerci să te căiești.

Acum, să privim la cele trei tipuri de păcate care duc la moarte: blasfemia împotriva Duhului, expunerea dizgrației publice repetate a Fiului lui Dumnezeu, și continuare a comiterii de păcate în mod deliberat.

Blasfemând Duhul Sfânt

Există trei lucruri în blasfemia împotriva Duhului Sfânt. Comiți o blasfemie împotriva Duhului atunci când vorbești împotriva Duhului Sfânt, când te opui lucrării Duhului Sfânt, și când dizgrațiezi Duhul Sfânt.

De aceea vă spun: Orice păcat și orice hulă vor fi iertate oamenilor, dar hula împotriva Duhului Sfânt nu va fi iertată oamenilor. Oricine va vorbi împotriva Fiului Omului, îi va fi iertat; dar oricine va vorbi împotriva Duhului Sfânt, nu îi va fi iertat, nici în veacul acesta, nici în cel viitor (Matei 12:31-32).

Și oricui va vorbi împotriva Fiului Omului, i se va ierta; dar oricui va huli împotriva Duhului Sfânt, nu i se va ierta (Luca 12:10).

Mai întâi, „să vorbești împotriva altora" este a calomnia și a opri faptele lor. *„Vorbind împotriva Duhului Sfânt"* este să încerci să împiedici săvârșirea împărăției lui Dumnezeu prin întreruperea lucrărilor Duhului Sfânt bazate pe voința și gândurile unuia. De exemplu, este să vorbești împotriva Duhului Sfânt atunci când te opui lucrării lui Dumnezeu pentru că nu coincide cu propriile tale gânduri chiar dacă este lucrarea Duhului Sfânt.

Dacă condamni un rob al lui Dumnezeu ca fiind eretic când de fapt nu este, și întrerupi lucrările Duhului Sfânt, este un păcat atât de groaznic în fața lui Dumnezeu încât nu poate fi iertat. De aceea, trebuie să fii capabil să faci diferența între suflete conform adevărului.

Desigur, trebuie să atenționezi oamenii cu severitate și nu trebuie să permiți comportamentul lor dacă încearcă să facă pe alții să primească duhul răului sau dacă ei sunt eretici cu adevărat în ochii lui Dumnezeu. Tit 3:10 spune, *„După întâia și a doua mustrare, depărtează-te de cel care aduce dezbinări"*.

Astăzi, multe persoane condamnă anumite biserici ca fiind eretice sau chiar le persecutează în multe moduri, biserici care recunosc Dumnezeul Trinitatea și sunt însoțite de lucrările Duhului Sfânt, pentru că acele persoane nu sunt capabile să facă distincția între duhuri. Deși ei pretind că cred în Dumnezeu, ei nu au suficiente cunoștințe biblice de erezie. Câteodată, ei nu știu nici măcar definiția ereziei.

În cazul de persecutare a altora din cauza lipsei de cunoștințe corespunzătoare, dacă oamenii se căiesc și se întorc, pot fi iertați. Totuși, dacă ei deranjează lucrările lui Dumnezeu cu intenție rea și gelozie, chiar dacă știu că e lucrarea Duhului Sfânt, ei nu vor putea fi iertați niciodată.

Poți găsi un exemplu în Biblie. În Marcu 3, când Isus a îndeplinit semne miraculoase și minuni, aceia care erau geloși pe Isus au răspândit zvonul că El era nebun. Zvonul s-a răspândit atât de mult încât membrii familiei Lui care trăiau la distanță au venit să-L scoată din lume.

Învățătorii legii și fariseii l-au criticat pe Isus spunând, *„Și cărturarii, care se coborâseră din Ierusalim, ziceau: Este stăpânit de Beelzebul; scoate demonii cu ajutorul prințului demonilor"* (Marcu 3:22). Ei aveau cunoștințe profunde despre Cuvântul lui Dumnezeu. Știau legea foarte bine și i-au învățat pe oameni, dar totuși s-au opus lucrărilor lui Dumnezeu din cauza geloziei lor și a invidiei asupra lui Isus.

În al doilea rând, *„opunerea la lucrarea Duhului Sfânt"* reprezintă înfruntarea vocii Duhului Sfânt pe care Dumnezeu a dat-o, sau judecarea și condamnarea lucrărilor Duhului Sfânt și încercarea de a face rău altor persoane.

De exemplu, este vorbirea împotriva Duhului Sfânt, răspândirea zvonurilor și falsificarea documentelor, sau condamnarea unui pastor sau a unei biserici ca fiind „eretică" unde lucrările Duhului Sfânt sunt prezentate, pentru a deranja întâlnirile și adunările.

Atunci ce înseamnă „Și oricui va vorbi împotriva Fiului Omului, i se va ierta"? „Fiul Omului" în acest verset se referă la Isus care a venit ca om înainte ca El să fie răstignit pe cruce.

Vorbirea împotriva Fiului Omului înseamnă să nu-L asculți pe Isus, știind și recunoscându-L numai ca o persoană pentru că El a venit trup. Incapacitatea de a recunoaște pe Isus ca

Mântuitor rezultă din lipsa de cunoaștere. În aceste caz, vei fi iertat și poți fi mântuit doar dacă te căiești și Îl accepți pe Domnul.

Deci, dacă comiți acest tip de păcat fără să știi adevărul sau înainte ca tu să primești Duhul Sfânt, Dumnezeu îți dă șansa să te căiești și să fii iertat.

Însă, dacă te nesupui și te opui Domnului știind exact cine este Isus Hristos, trebuie să știi că nu poți fi niciodată iertat pentru asta, pentru că este același lucru vorbind împotriva Duhului Sfânt și să te opui lucrărilor Duhului Sfânt.

În al treilea rând, blasfemia de asemenea înseamnă dizgrația lucrurilor care sunt divine, sfinte și pure. Blasfemia împotriva Duhului Sfânt de asemenea înseamnă *dizgrațierea Duhului Sfânt,* a Duhului lui Dumnezeu și a divinității lui Dumnezeu. Este un păcat dizgrațierea puterea veșnică și divinitatea lui Dumnezeu dacă ponegrești lucrările Duhului Sfânt spunând că sunt lucrările Satanei, sau dacă insiști că ceva este lucrarea Duhului Sfânt atunci când nu este. De asemenea, predicarea adevărului ca neadevăr, pretinderea că nu e adevăr a lucrurilor adevărate, și condamnarea a ceea ce este adevărat ca și când ar fi ceva fals sunt toate „blasfemii împotriva Duhului Sfânt".

În vechile vremuri, dacă cineva era prins că cuvintele sau faptele de blasfemie sunt împotriva regelui, era considerată trădare și era trimis la moarte.

Dacă blasfemi împotriva divinității sfinte a lui Dumnezeu, care este atotputernic și care nu poate fi comparat cu niciun rege a acestei lumi, nu vei putea fi niciodată iertat.

Chiar și Isus, care era Dumnezeu a firii și a venit pe această lume trup, nu a condamnat pe nimeni. Dacă încă îţi condamni fraţii şi surorile, şi mai mult dizgraţiezi lucrările făcute de Duhul Sfânt, ce păcat groaznic ar fi! Dacă ai respect şi teamă de Dumnezeu, nu poţi să te opui niciodată, să vorbeşti împotriva, sau să dizgraţiezi Duhul Sfânt.

Deci, trebuie să realizezi că aceste păcate nu pot fi iertate niciodată nici în veacul ăsta şi nici în veacurile ce vor veni şi nu trebuie să comiţi niciodată aceste păcate. Chiar dacă ai comis aceste păcate înainte, trebuie să cauţi harul lui Dumnezeu şi să te căieşti din toată inima.

Făcând să fie batjocorit Fiul lui Dumnezeu

Te duce la moarte să răstigneşti Fiul lui Dumnezeu şi să Îl batjocoreşti, aşa cum este descris în Evrei 6.

Căci este cu neputinţă ca cei care au fost luminaţi odată şi au gustat darul ceresc şi au fost făcuţi însoţitori ai Duhului Sfânt, şi au gustat cuvântul cel bun al lui Dumnezeu şi puterile veacului viitor, şi care au căzut, să fie reînnoiţi spre pocăinţă, căci ei răstignesc pentru ei înşişi pe Fiul lui Dumnezeu, făcându-L să fie batjocorit (Evrei 6:4-6).

Anumite persoane părăsesc biserica şi Dumnezeu prin tentaţia acestei lumi şi cad în dizgraţia enormă a lui Dumnezeu, chiar dacă au primit Duhul Sfânt, ştiu că există rai şi iad, şi cred în cuvântul adevărului. Noi spunem că ei comit un păcat prin răstignirea Fiului lui Dumnezeu peste tot și aducerea Lui batjocurii publice. Acest fel de persoană nu doar că comite multe păcate controlate de Satana, dar de asemenea neagă pe Dumnezeu și persecută și umilește biserica și credincioșii.

Ei au deja predat conștiința Satanei, așa că inimile lor sunt pline de întunericime.

De aceea, ei nu vor dori nici măcar să se căiască , iar duhul căinței nu vine asupra lor. Ei nu au nicio șansă la căință și ca urmare ei nu pot fi niciodată iertați.

Iuda a comis acest păcat. El a fost unul din cei doisprezece ucenici ai lui Isus. A fost martorul multor semne și minuni, dar a devenit lacom și L-a vândut pe Isus pentru treizeci de arginți. Mai târziu, conștiința sa a fost copleșită și a regretat, dar duhul căinței nu a venit asupra lui Iuda. Păcatul său nu a putut fi iertat, și în final s-a sinucis pentru că era extrem de afectat de vina sa (Matei 27:3-5).

Continuarea păcătuirii cu voie

Ultimul păcat ce te conduce spre moarte este să păcătuiești în mod continuu și deliberat după ce ai primit cunoștința adevărului.

Căci dacă păcătuim cu voia după ce am primit cunoștința deplină a adevărului, nu mai rămâne nicio jertfă pentru păcate, ci doar o așteptare sigură și înfricoșată a judecății și văpaia unui foc care va mistui pe potrivnici (Evrei 10:26-27).

Să „continui să păcătuieşti după ce ai primit cunoştinţa adevărului" înseamnă repetarea lucrurilor de fărădelege pe care Dumnezeu nu le iartă. De asemenea, înseamnă să continui să păcătuieşti, ştiind că un păcat este doar ca şi cum „*Cu ei s-a întâmplat ce spune proverbul adevărat: Câinele s-a întors la ce vărsase şi scroafa spălată s-a întors să se tăvălească iarăşi în mocirlă*" (2 Petru 2:22).

Pe de o parte, atunci când David, care-L iubea pe Dumnezeu foarte mult, a comis adulterul, a dat naştere multor păcătoşi şi a condus la crimă pe unul din cei mai loiali ostaşi ai lui. Totuşi, când Natan profetul i-a arătat păcatele, Regele David s-a căit imediat.

Pe de altă parte, Regele Saul continua să păcătuiască chiar şi după ce Samuel profetul, i-a arătat păcatele sale. David s-a căit şi a primit binecuvântările lui Dumnezeu, în timp ce Saul a fost abandonat pentru că nu s-a căit şi a continuat să păcătuiască.

În plus, Balaam era un proroc care avea puterea să binecuvânteze sau să blesteme, dar când a făcut compromisul cu această lume pentru a obţine bogăţie şi faimă, a ajuns la un sfârşit nenorocit.

Pe de o parte, Duhul Sfânt din inimile celor ce comit deliberat păcate dispare pentru că Dumnezeu îşi ia faţa de la ei. Apoi ei îşi pierd credinţa şi fac fapte rele şi greşite controlaţi de diavol. În final, Duhul Sfânt din ei dispare complet, şi ei nu mai pot fi mântuiţi pentru că nu se mai pot căi şi numele lor vor fi şterse din Cartea Vieţii (Apocalipsa 3:5).

Pe de altă parte, există persoane care continuă să comită păcate pentru că aveau doar cunoştinţă de Dumnezeu dar nu credeau cu inimile în El. Păcatele lor pot fi iertate și ei pot fi conduși pe calea mântuirii atunci când se căiesc cu adevărat și sincer și au credință adevărată.

De aceea, trebuie să știi că nu vei fi mântuit când comiți păcate cu voia ta, făcând fapte păcătoase, chiar dacă ai fi putut fi odată luminat, să fi crezut că există rai și iad și ai trăit harul din belșug a lui Dumnezeu.

De asemenea sper să înțelegi pe deplin că toate păcatele sunt fărădelegi și întunecate și Dumnezeu le urăște chiar dacă unele dintre ele nu conduc spre moarte. Te rog fi un credincios înțelept care nu permite sau comite niciun fel de păcat.

Trupul și sângele Fiului Omului

Pentru a avea o viață sănătoasă, trebuie să consumi hrana și băuturile corespunzătoare. În același fel, pentru a-ți menține duhul sănătos și ca să obții viața veșnică, trebuie să mănânci carnea și să bei sângele Fiului Omului.

Acum, vom învăța ce este carnea și sângele Fiului Omului, și de ce trebuie să mănânci trupul Lui și să bei sângele Său pentru a obține viața veșnică, bazându-ne pe următorul text din Ioan 6:53-55:

Isus deci le-a zis: „Adevărat, adevărat vă spun, dacă nu mâncați trupul Fiuului Omului și dacă nu beți sângele Lui, n-aveți viață în voi înșivă. Cine mănâncă trupul Meu are viața veșnică; și Eu îl voi învia în ziua de la urmă".

Ce este trupul Fiului Omului?

Isus Îţi spune în Biblie secretele raiului şi voia lui Dumnezeu prin intermediul multor parabole. Pentru oamenii care trăiesc în această lume tridimensională, este foarte greu de înţeles şi realizat voia lui Dumnezeu, care locuieşte în lumea în patru dimensiuni şi deasupra. Deci, Isus a comparat lucrurile creşti cu lucrurile neînsufleţite, plante, animale şi vieţi din această lume pentru a ne ajuta să înţelegem mai bine voia divină.

De aceea Isus unicul şi singurul Fiu al lui Dumnezeu este comparat cu stânca şi steaua, care sunt non-dimensionale, cu viţa-de-vie unidimensională, cu mielul bidimensional şi Fiul Omului care este tridimensional.

Isus este numit Fiul Omului, aşa că trupul Fiului Omului este trupul lui Isus.

Ioan 1:1 ne spune că *„La început era Cuvântul şu Cuvântul era cu Dumnezeu şi Cuvântul era Dumnezeu"*. În Ioan 1:14 obervăm că *„Şi Cuvântul a devenit trup şi a locuit printre noi (şi noi am privit slava Lui, slavă ca a unicului Fiu din partea Tatălui), plin de har şi de adevăr"*.

Isus este cel care a venit trup pe această lume ca cuvânt al lui Dumnezeu. De aceea, trupul Fiului Omului este Cuvântul lui Dumnezeu, care este adevărul însuşi, şi mâncând trupul Fiului Omului înseamnă să înveţi cuvântul lui Dumnezeu din Biblie.

Cum să mănânci trupul Fiului Omului?

În Exodul 12:5 și versetele următoare, Isus este portretizat ca „Miel":

Să fie un miel fără cusur, de sex masculin, de un an; veți putea să luați dintre oi sau dintre capre. Să-l păstrați până în ziua a paisprezecea a lunii acesteia; și toată adunarea lui Israel să-l înjunghie seara. Să ia din sângele lui și să ungă amândoi stâlpii și pragul de sus al caselor unde îl vor mânca.

În general, mulți credincioși cred că mielul se referă la noii credincioși, dar atunci când studiezi Biblia mai atent, mielul este simbolul lui Isus.

Ioan Baptistul, privindu-L pe Isus ce venea înspre el a spus în Ioan 1:29, *„A doua zi Ioan a văzut pe Isus venind la el li a zis: Iată Mielul lui Dumnezeu, care ridică păcatul lumii!"* Iar Apostolul Petru se referă la Isus ca unui miel în 1 Petru 1:19, *„Căci știți că nu cu lucruri pieritoare cu argint sau cu aur, ați fost răscumpărați din felul deșert de viețuire pe care l-ați moștenit de la părinții voștri, ci cu sângele scump al lui Hristos, Mielul fără de cusur și fără pată".* Pe lângă astea, multe alte expresii îl compară pe Isus cu un miel.

De ce îl compară Biblia pe Isus cu un miel? Mielul este cel mai liniștit și ascultător dintre toate vitele. Recunoaște vocea păstorului lui și o urmează. Nimeni nu poate să îl inducă în eroare pe miel, chiar dacă alte persoane încearcă să imite vocea păstorului lui. Mielul ne dă nouă oamenilor blană albă şi moale, lapte, carne şi toate părţile sale.

Aşa cum mielul sacrifică tot pentru oameni, Isus a ascultat voia lui Dumnezeu perfect şi a sacrificat totul pentru noi.

Isus a venit trup pe această lume, chiar dacă era una cu Dumnezeu, a predicat evanghelia raiului, a vindecat multe boli şi infirmităţi, şi a fost răstignit. Isus a renunţat la tot pentru a ne răscumpăra pe noi de toate păcatele noastre.

Isus este comparat cu un miel pentru că trăsăturile şi faptele Lui amintesc de acelea a mielului liniştit, iar a mânca un miel simbolizează să mănânci trupul lui Isus, adică trupul Fiului Omului.

Cum trebuie atunci să mănânci trupul Fiului Omului? Să privim în Exodul 12:9-10 care ne dă următoarele instrucţiuni:

> *Să nu-l mâncaţi crud sau fiert în apă; ci să fie fript la foc: atât capul, cât şi picioarele şi măruntaiele. Să nu lăsaţi nimic din el până dimineaţa; şi dacă va rămâne ceva din el până dimineaţa să-l ardeţi în foc.*

Mai întâi, să nu mănânci Cuvântul lui Dumnezeu crud

Ce înseamnă să mănânci „crud" trupul Fiului Omului?

În general, nu este bine să mănânci carne crudă. Dacă mănânci carne crudă, poţi lua ceva viruşi sau bacterii şi devii bolnav. În acelaşi fel, Dumnezeu ne spune să nu mâncăm cuvântul lui Dumnezeu crud pentru că este dăunător.

Cuvântul lui Dumnezeu este scris de inspirația Duhului Sfânt, așa că trebuie să îl citești și să-l faci hrana ta cu inspirația Duhului Sfânt.

Ce se întâmplă dacă interpretezi ad literam cuvântul lui Dumnezeu? Atunci probabil vei înțelege greșit intenția lui Dumnezeu. De aceea, „a mânca cuvântul lui Dumnezeu crud" înseamnă pur și simplu să interpretezi Biblia.

Așa cum Ioan 1:1 spune „*și Cuvântul era Dumnezeu*", Biblia conține inima lui Dumnezeu și voia Lui și toate lucrurile sunt îndeplinite conform acestui Cuvânt.

Dumnezeu ne spune cum putem ajunge în rai. Trebuie să înțelegi complet cuvântul lui Dumnezeu pentru a obține viața veșnică. În mod invers, un om din carne nu poate vedea sau apuca lumea spirituală.

Este ca greierul ce nu știe că există un cer atunci când este îngropat în pământ. Este ca un pui care nu știe de lumea de afară atunci când încă este în interiorul oului. Este ca un copil ce nu știe nimic de lume atunci când încă se află în pântecul mamei sale.

Tot așa, câtă vreme ești in această lume trupească, nu știi nimic de lumea spirituală.

Dumnezeu îți spune că există o altă lume dincolo de această lume tridimensională. Precum puiul nenăscut care trebuie să spargă coaja, de asemenea va trebui să te rupi de gândul trupesc pentru a înțelege și a intra în împărăția spirituală.

De exemplu, Matei 6:6 spune, „*Ci tu, când te rogi, intră în cămăruța ta, încuie-ți ușa și roagă-te Tatălui tău, care este*

ascuns; şi tatăl tău, care vede în ascuns, îţi va răsplăti." Dacă
ar fi să interpretezi acest verset ad literam, va trebuie mereu să te
rogi în camera ta. Totuşi, nu poţi găsi niciun predecesor de
credinţă rugându-se în secret în camerele lor.

Isus nu se ruga în camera Sa, ci pe versantul unui munte
noaptea (Luca 6:12), şi într-un loc retras dimineaţa devreme
(Marcu 1:35).

În plus Daniel se ruga de trei ori pe zi cu ferestrele deschise
spre Ierusalim (Daniel 6:10) iar apostolul Petru se ruga pe
acoperiş (Faptele Apostolilor 10:9).

Atunci ce înseamnă vorbele lui Isus care a zis, „Mergi în
camera ta, închide uşa şi roagă-te"?

Aici, „camera" simbolizează în mod spiritual inima unei
persoane. Aşa că a intra în camera ta interioară înseamnă să treci
de gândurile tale şi să mergi adânc in străfundul inimii tale, aşa
cum ai trece din sufragerie într-un dormitor, adică într-o cameră
mai interioară. Doar atunci, poţi să te rogi cu toată inima ta.

Atunci când mergi în camera ta interioară, eşti izolat de
exterior. Tot aşa, atunci când te rogi, trebuie să împiedici
gândurile care nu-ţi sunt necesare, grijile şi problemele şi să te
rogi cu toată inima.

De aceea, trebuie să nu mănânci carnea crudă a Fiului
Omului. Nu trebuie să interpretezi cuvântul lui Dumnezeu ad
literam. Trebuie să interpretezi spiritual cuvântul lui Dumnezeu
prin inspiraţia dată de Duhul Sfânt.

În al doilea rând, nu mânca cuvântul lui Dumnezeu fiert în apă

Ce înseamnă „Să nu mănânci carne gătită în apă"? Înseamnă că nu trebuie să adăugăm nimic la cuvântul lui Dumnezeu, ci să-l mâncăm pur.

Nu este drept să predici cuvântul lui Dumnezeu și să-l amesteci cu politica, poveștile de societate, sau proverbele persoanelor istorice faimoase.

Dumnezeu a creat cerurile și pământul și controlează viața și moartea oamenilor, binecuvântând și blestemând, este atotputernic și nu Îi lipsește nimic.

1 Corinteni 1:25 spune, *„Căci nebunia lui Dumnezeu este mai înțeleaptă decât oamenii și slăbiciunea lui Dumnezeu este mai puternică decât oamenii."* Este înregistrat asta pentru a te face să înțelegi că și cel mai înțelept dintre cele mai extraordinare persoane nu poate fi comparat cu Dumnezeu.

Nu poți predica tot ceea ce este scris în Biblie în toată viața ta. Atunci cum ai îndrăzni să amesteci cuvintele oamenilor cu cuvântul lui Dumnezeu atunci când transmiți mesajul?

Cuvintele oamenilor se schimbă odată cu trecerea timpului. Chiar dacă există adevăr în ele, ele au fost spuse deja în Biblie, și au fost spuse cu înțelepciunea lui Dumnezeu.

De aceea, prima ta prioritate în predarea învățămintelor Bibliei ar trebui să fie cuvântul pur al lui Dumnezeu. Desigur, poți da anumite parabole sau ilustrări pentru a face oamenii să înțeleagă mai ușor cuvântul lui Dumnezeu și secretele lumii spirituale.

Trebuie să înţelegi că doar cuvântul lui Dumnezeu este veşnic şi este adevărul complet şi perfect care te duce înspre viaţa veşnică. Deci, nu trebuie să mănânci cuvântul Lui gătit cu apă.

În al treilea rând, trebuie să mănânci cuvântul lui Dumnezeu, ci fript la foc

Ce înseamnă „ci să fie fript la foc: atât capul, cât şi picioarele şi măruntaiele"? (Exodul 12:9) Înseamnă că trebuie să faci Cuvântul lui Dumnezeu, trupul Fiului Omului, hrana ta spirituală întreagă fără să laşi nimic afară.

De exemplu, anumite persoane se îndoiesc de faptul că Moise a despărţit Marea Roşie. Anumite persoane nici măcar nu încearcă să citească Leviticul pentru că sacrificiile Vechiului Testament sunt dificil de înţeles. Anumite persoane spun că miracolele pe care Isus le-a făcut sunt greu de crezut şi cred că aceste miracole se puteau întâmpla doar acum 2000 de ani. Ei lasă deoparte multe idei care nu se potrivesc cu gândirea umană şi încearcă să extragă doar lecţiile morale.

Ei nici măcar nu încearcă să reţină cuvinte ca „iubeşte-ţi vrăjmaşul", sau „evită orice formă de rău", pentru că aceste cuvinte par să fie prea grele pentru ei ca să le urmeze. Va fi posibil pentru ei să fie mântuiţi?

De aceea, nu trebuie să extragi doar ceea ce doreşti din Biblie precum oamenii nesăbuiţi. Trebuie să mănânci toate cuvintele din Biblie fripte la foc de la Geneză la Apocalipsă.

Ce înseamnă atunci să mănânci cuvântul lui Dumnezeu „fript

la foc"? Focul aici se referă la focul Duhului Sfânt. Trebuie să fii inspirat și umplut de Duhul Sfânt atunci când asculți sau citești cuvântul lui Dumnezeu, pentru că este scris prin inspirația Duhului Sfânt. Altfel, ele sunt doar cunoștințe, nu hrană spirituală.

Pentru ca să mănânci cuvântul lui Dumnezeu fript la foc trebuie să te rogi fervent. Rugăciunile servesc ca ulei pentru a deveni sursa deplină a Duhului Sfânt. Dacă mănânci cuvântul lui Dumnezeu prin inspirația Duhului Sfânt este mai dulce ca mierea. Nu vei fi niciodată plictisit, chiar dacă predica este foarte lungă, căci este atât de prețioasă și iubești să asculți cuvântul lui Dumnezeu, ca o căprioară însetată la o sursă de apă.

Așa se mănâncă cuvântul lui Dumnezeu fript la foc. Doar în acest fel vei înțelege Cuvântul lui Dumnezeu, și să faci hrana și sângele tău spiritual, și să urmezi și să realizezi voia lui Dumnezeu. Așa dai naștere duhului prin Duhul Sfânt, crești credința ta, și recuperezi imaginea pierdută a lui Dumnezeu prin găsirea datoriei întregi a omului.

Oricine mănâncă cuvântul lui Dumnezeu cu propriile sale gânduri fără să-l frigă la foc va găsi cuvântul lui Dumnezeu plictisitor, și nu și-l pot aminti pentru că ei ascultă cu gândurile departe. Ei nu pot crește niciodată spiritual și nici să obțină viața adevărată.

În al patrulea rând nu trebuie să părăsești cuvântul lui Dumnezeu până la ivirea dimineții

Ce înseamnă „Să nu lăsați nimic din el până dimineața; și

dacă va rămâne ceva din el până dimineaţa să-l ardeţi în foc."

Înseamnă că trebuie să mănânci trupul Fiului Omului, cuvântul lui Dumnezeu, pe timpul nopţii. Lumea în care trăieşti acum este o lume a întunericului controlată de diavol, şi poate fi spiritual exprimată ca fiind noapte. Atunci când Domnul nostru va veni din nou, tot întunericul va dispărea şi totul va fi recuperat, va deveni dimineaţă, lumea luminii.

De aceea „a nu lăsa nimic până dimineaţa" înseamnă că trebuie să înveţi cuvântul lui Dumnezeu şi să te pregăteşti ca mireasă a Domnului nostru atunci când se va întoarce.

În plus, indiferent că sosirea Domnului este aproape sau nu, trăieşti doar 70 sau 80 de ani, şi nu ştii când îl vei întâlni pe Domnul. Până când Îl vei întâlni pe Domnul, creşti spiritual până la măsura că mănânci trupul şi bei sângele Fiului Omului. Aşa că trebuie să înveţi sârguincios cuvântul lui Dumnezeu şi să creşti spiritual.

Dacă ai credinţa tatălui şi constant creşti spiritul tău, vei primi slava precum soarele strălucind lângă tronul lui Dumnezeu în împărăţia Lui, pentru că ştii că Dumnezeu care este de la începuturi, sădeşte cele nouă roade ale Duhului Sfânt şi Fericirea Supremă şi vei aminti de imaginea lui Dumnezeu.

Să bei sângele Fiului Omului

Pentru a-ţi menţine viaţa, trebuie să mănânci hrană şi să bei apă. Dacă nu bei apă, hrana nu poate fi digerată şi vei muri. Atunci când hrana merge în stomac amestecată cu apă, ele sunt digerate, substanțele nutritive absorbite, și cele ce nu sunt necesare sunt eliminate.

În același fel, atunci când mănânci trupul Fiului Omului, dacă nu bei sângele Fiului Omului, nu poți să îl digerezi. De aceea, poți obține viața veșnică doar mâncând trupul Fiului Omului împreună cu a bea sângele Fiului Omului.

„Să bei sângele Fiului Omului" este să pui în faptă, prin credință cuvântul lui Dumnezeu. După ce ai ascultat cuvântul lui Dumnezeu, este foarte important să faci faptele corespunzător, și asta în credință. Dacă nu acționezi conform cuvântului lui Dumnezeu după ce l-ai auzit și îl știi, este degeaba să îl asculți.

Felul în care substanțele nutritive sunt absorbite iar resturile eliminate atunci când digerezi hrana, Cuvântul lui Dumnezeu, adevărul, este absorbit și neadevărul eliminat atunci când acționezi conform cuvântului lui Dumnezeu pentru a-ți purifica inima plină de lucruri trupești.

Ce este atunci „adevărul absorbit" și „neadevărul eliminat"? Să spunem că ai ascultat Cuvântul lui Dumnezeu, „Nu urî, ci iubește pe fiecare". Dacă o faci hrana ta și acționezi potrivit, substanța nutritivă numită iubire este absorbită, iar resturile numite ură sunt eliminate. Inima ta devine automat mai pură și mai adevărată prin eliminarea gândurilor murdare și neadevărate.

După ce ai ascultat Cuvântul lui Dumnezeu acționează în consecință

Deci, dacă nu acționezi conform Cuvântului lui Dumnezeu,

nu bei sângele Fiului Omului, ca urmare, cuvântul lui Dumnezeu va fi doar o bucată de cunoştinţă în minte şi nu poţi fi mântuit dacă nu acţionezi conform cu el.

A bea sângele Fiului Omului, acţionând conform Cuvântului lui Dumnezeu, poate fi făcut numai cu efort omenesc. Trebuie să ai voinţa şi efortul să acţionezi conform Cuvântului Său, şi vei primi harul lui Dumnezeu, puterea şi ajutorul Duhului Sfânt prin rugăciuni fervente.

Dacă poţi să te lepezi de păcate prin eforturile tale, Isus nu ar fi trebuit să fie răstignit, iar Dumnezeu nu ar fi trebuit să trimită Duhul Sfânt.

Isus a fost răstignit să ierte păcatele tale pentru că nu poţi rezolva tu însuţi problema păcatului, şi Dumnezeu a trimis Duhul Sfânt pentru a te ajuta să îţi schimbi inima murdară cu o inimă curată.

Duhul Sfânt, Duhul lui Dumnezeu, ajută pe copiii lui Dumnezeu să trăiască în adevăr şi dreptate. De aceea, cu ajutorul Duhului Sfânt, copiii lui Dumnezeu trebuie să trăiască conform cuvântului lui Dumnezeu ca să se lepede de păcatele lor şi să primească dragostea şi binecuvântarea lui Dumnezeu.

Iertarea doar prin păşirea în lumină

Să spui că mănânci trupul şi bei sângele Fiului Omului, înseamnă că acţionezi în lumină conform Cuvântului lui Dumnezeu. Atunci, la ce fel de fapte se referă? Trebuie să acţionezi în lumină. Ieşi din întuneric şi acţionezi în lumină atunci când mănânci trupul Fiului Omului, o digeri, și îți face inima adevărată. Atunci când acționezi în lumină, sângele Domnului te curăță de păcatele trecutului, prezentului și viitorului.

Chiar dacă ai păcate de care încă nu te-ai lepădat, atunci cînd te căiești cu toată inima înaintea lui Dumnezeu, păcatele tale pot fi iertate prin harul lui Dumnezeu. Aceia care cred cu adevărat în Dumnezeu și încearcă să îndeplinească dreptatea din inimile lor nu mai sunt păcătoși, ci oameni drepți și pot fi mântuiți și obține viața veșnică.

Dumnezeu este Lumina

1 Ioan 1:5 spune că „ *Vestea pe care am auzit-o de la El și pe care v-o spunem este că Dumnezeu e lumină și în El nu este întuneric".*

Apostolul Ioan care a scris 1 Ioan, a fost învățat direct de către Isus, care a venit pe această lume și a devenit lumină pe această lume și calea lui Dumnezeu.

De aceea, se spune de Isus în Ioan 1:4-5, *„În El era viața și viața era lumina oamenilor. Lumina luminează în întuneric și întunericul n-a biruit-o".* Isus a declarat Însuși, *„Isus i-a zis: Eu sunt calea și adevărul și viața; nimeni nu vine la Tatăl decât prin Mine"* (Ioan 14:6).

De aceea ucenicii lui Isus au fost martorii faptului că „Isus este Lumina" prin Isus, și mesajul pe care ei l-au declarat către tine este „Dumnezeu este Lumina".

Lumina în mod spiritual înseamnă adevăr

Ce este atunci „lumina"? În mod spiritual, lumina înseamnă adevăr, iar adevărul este opusul întunericului. Dumnezeu ne spune în Efeseni 5:8, *„ Odinioară eraţi întuneric, dar acum sunteţi lumină în Domnul. Umblaţi deci ca nişte copii ai luminii ".* Aceia care ascultă la mesaj că „Dumnezeu este lumină" şi învaţă adevărul de la Dumnezeu pot străluci şi lumina această lume, precum lumina îndepărtează întunericul.

Copiii luminii ce acţionează corespunzător adevărului poartă rodul luminii. De aceea este spus în Efeseni 5:9, *„ Căci roada luminii stă în orice bunătate, în dreptate şi în adevăr ".* Iubirea spirituală descrisă în 1 Corinteni 13 şi rodul Duhului Sfânt precum iubirea, bucuria, pacea, răbdarea, bunătatea, credinţa, gentileţea şi auto-controlul sunt roadele luminii.

De aceea, lumina se referă la toate cuvintele adevărului ca bunătate, dreptate şi iubire ca la „iubeşte-l pe aproapele tău, roagă-te, ţine Sabatul, urmează cele Zece Porunci" pe care Dumnezeu ţi le spune în Biblie.

Întunericul în mod spiritual înseamnă păcatul

Întunericul se referă la o stare când nu există lumină, şi în sens spiritual înseamnă păcat.

Toate lucrurile neadevărate, care sunt opuse adevărului, sunt acele lucruri scrise în Romani 1:28-29, *„Fiindcă n-au socotit ca bun să păstreze pe Dumnezeu în cunoştinţa lor, Dumnezeu i-a lăsat în voia minţii lor fără pricepere, ca să facă lucrări* *neîngăduite, fiind plini de orice fel de nedreptate, de desfrânare, de lăcomie, de răutate, plini de invidie, de ucidere, de ceartă, de înșelăciune, de porniri răutăcioase"*. Toatea astea sunt întuneric.

Biblia îți spune să te lepezi de toate aceste lucruri ce aparțin întunericului precum hoția, uciderea, adulterul și orice fel de rău.

Pe de o parte, anumite persoane pretind că sunt copiii lui Dumnezeu, chiar dacă ei nu se supun la ceea ce le spune Dumnezeu să facă sau să păstreze, ci fac lucruri pe care Dumnezeu le spune să nu le facă sau să se lepede de ele. Acest întuneric este controlat de vrăjmașul diavolul și Satana și aparțin acestei lumi, așa că nu poate fi niciodată împreună cu lumina. De aceea cei ce acționează în întuneric urăsc lumina și trăiesc departe de ea.

Pe de altă parte, copiii adevărați ai lui Dumnezeu, care este lumină și în care nu există întuneric, trebuie să stea departe de întuneric și să acționeze în lumină. Doar atunci, poți să comunici cu Dumnezeu și totul va merge bine în viața ta.

Dovezi ale tovărășiei cu Dumnezeu

În mod normal, există o relație foarte strânsă bazată pe iubire între părinți și copiii lor. În același fel, este evident pentru tine – care crezi în Isus Hristos – să ai o relație cu Dumnezeu care este Tatăl duhului Tău (1 Ioan 1:3).

Tovărășie înseamnă nu doar să știți unul de celălalt, dar și a vă cunoaște unul pe celălalt cât mai bine. Nu poți spune că ai o tovărășie cu președintele chiar dacă știi o mulțime de lucruri despre el. Este acelaşi lucru cu tovărăşia cu Dumnezeu. Pentru a avea o adevărată relaţie cu Dumnezeu, trebuie să Îl cunoşti tot aşa cum El te ştie şi te recunoaşte.

1 Ioan 1:6-7 spune, *„Dacă zicem că avem părtăşie cu El, şi umblăm în întuneric, minţim şi nu practicăm adevărul. Dar dacă umblăm în lumină, după cum El Însuşi este în lumină, avem părtăşie unii cu alţii; şi sângele lui Isus Hristos, Fiul Său, ne curăţeşte de orice păcat".*

Aceasta înseamnă că ai o tovărăşie cu Dumnezeu doar când te lepezi de toate păcatele şi acţionezi în lumină. Dacă spui că ai o tovărăşie cu Dumnezeu în timp ce tu acţionezi şi trăieşti în întuneric, este o minciună.

A avea o tovărăşie cu Dumnezeu înseamnă a avea o relaţie spirituală şi de credinţă, nu doar o tovărăşie doar ştiindu-L cu cunoştinţele din mintea ta. Tu însuţi trebuie să fii lumină pentru a avea o relaţie cu Dumnezeu pentru că El este lumina. Duhul Sfânt, inima lui Dumnezeu, te învaţă voia lui Dumnezeu limpede până în măsura că vei sta în adevăr ca tu să ai o comunicare mai profundă cu Dumnezeu atunci când citeşti cuvântul lui Dumnezeu şi te rogi.

Dacă păşeşti în întuneric

Spui o minciună dacă pretinzi că ai o relaţie cu Dumnezeu dar păşeşti în întuneric comiţând păcate. Nu este păşire în adevăr, şi în final vei merge pe calea spre moarte.

În 1 Samuel 2, fiii lui Eli preotul fac rău şi comit păcate. Ei trebuie săi fi pedepsiţi, dar Eli i-a avertizat „De ce faceţi asemenea lucruri? Nu trebuie să faceți așa ceva".

La sfârșit mânia lui Dumnezeu a căzut asupra lor. Cei doi fii ai lui Eli preotul au murit într-o bătălie, și Eli a căzut pe spate de pe scaunul aflat la marginea porții, gâtul i s-a rupt și a murit. Mânia lui Dumnezeu a căzut și asupra urmașilor săi (1 Samuel 2:27-36, 4:11-22).

De aceea așa cum este spus în Efeseni 5:11-13, *„Și nu luați deloc parte la lucrările neroditoare ale întunericului, ci mai degrabă dezaprobați-le, căci este rușine numai să se spună ce fac ei pe ascuns. Dar toate lucrurile, când sunt dezvăluite în adevăratul lor fel de a fi, sunt date pe față la lumină, pentru că cea care face ca totul să fie arătat este lumina".*

Dacă este cineva care pretinde că are părtășie cu Dumnezeu dar nu pășește în lumină, trebuie să îl avertizezi cu iubire. Dacă el totuși nu vine înspre lumină, trebuie să îl dojenești pentru a-l conduce către lumină pentru ca el să nu meargă pe calea morții.

Iertarea prin pășirea în lumină

Există o lege în această lume și când cineva o încalcă, el va fi pedepsit conform măsurii faptei sale. Dar, nu poate ca conștiința sa să nu se simtă vinovată pentru paguba ce a făcut-o, chiar dacă el a plătit ceea ce a făcut greșit și a fost pedepsit.

Tot așa, încă ai firea păcătoasă în inima ta chiar dacă îl accepți pe Isus Hristos, ai păcatele iertate și te-ai declarat drept. De aceea, Dumnezeu îți poruncește să îți circumscrii inima ca să nu te mai simți vinovat nici măcar în conștiința ta.

Așa cum este scris în Ieremia 4:4, *„Faceți-vă circumcizie*

pentru DOMNUL, faceți-vă circumcizie inimilor, bărbați ai lui Iuda și locuitori ai Ierusalimului, ca nu cumva să izbucnească mânia Mea ca un foc și să ardă, fără să se poată stinge, din cauza răutății faptelor voastre!", circumcizia inimii înseamnă să tai pielea inimii tale.

Tăierea pileii inimii tale înseamnă să urmezi ceea ce spune Dumnezeu în Biblie precum „Fă", „Nu face", „Păstrează", „Leapădă". Cu alte cuvinte, înseamnă să dai deoparte tot ce este împotriva cuvântului lui Dumnezeu, ca neadevărul, răutatea, nedreptatea, fărădelegea și întunericul, să îți cureți inima și s-o umpli cu adevăr.

De aceea, sârguincios trebuie să îți faci cuvântul lui Dumnezeu hrana ta, să absorbi substanțele nutritive prin a face fapte conforme cu el, și să elimini tot ceea ce e rău, adică neadevărul ce aparține întunericului. Atunci când îți circumscrii inima, poți crește spiritual.

Atunci când devii un om spiritual și al adevărului eliminând păcatul și răul ca fiind cele ne-necesare, ai tovărășia cu Dumnezeu. Apoi, sângele lui Isus Hristos îți poate curăța păcatele de vreme ce ai această relație de tovărășie.

Credința însoțită de fapte este adevărata credință

Spre mirarea ta, poți știi multe persoane care nu înțeleg cu adevărat înțelesul credinței. Unii spun, „De ce nu mergi pur și simplu la biserică? Încă poți fi mântuit."

Dacă asculți și știi cuvântul lui Dumnezeu, dar nu acționezi conform cu el, este doar credință ca o formă de cunoaștere în mintea ta, nu este credință adevărată. În acest fel, nu poți fi mântuit. Care este credința pe care Dumnezeu o recunoaște? Cum poți fi mântuit de credință?

Căința adevărată necesită să întorci spatele păcatelor

1 Ioan 1:8-9 spune că *„Dacă zicem că n-avem păcat, ne înșelăm singuri și adevărul nu este în noi. Dacă ne mărturisim păcatele, El este credincios și drept ca să ne ierte păcatele și să ne curățească de orice nedreptate."*

Ce înseamnă deci să îți mărturisești păcatele?

Să presupunem că Dumnezeu îți spune, „Să mergi spre răsărit înseamnă calea spre viața veșnică și voia mea, așa că mergi spre răsărit." Dar dacă, tu continui să mergi spre apus și să spui, „Dumnezeul meu, trebuie să merg spre răsărit, dar mă duc înspre apus, așa că iartă-mă" nu este o mărturisire. Asta nu înseamnă să crezi și să te temi de Dumnezeu, ci mai degrabă batjocură la adresa Lui. Adevărata căință este nu doar prin mărturisirea păcatelor tale cu buzele, ci și să întorci spatele păcatelor prin faptele tale. Doar atunci Dumnezeu o primește ca și căință și Îți oferă iertare.

Felul în care vei muri dacă nu mănânci hrana știind că trebuie să o mănânci ca să îți păstrezi viața, tot așa înseamnă că nu ești curățat prin sângele Domnului dacă doar îți mărturisești păcatele cu buzele și nu întorci spatele lor.

Credința fără fapte este credință moartă

În Iacov 2:22 se spune, *„ Vezi că credința lucra împreună cu faptele lui și, prin fapte, credința a ajuns desăvârșită".* Versetul 26 merge mai departe: *„ După cum trupul fără duh este mort, tot așa și credința fără fapte este moartă".*

Multă lume merge la biserică pentru că a auzit că există rai și iad. Totuși, de vreme ce ei nu cred cu adevărat în inimile de acest fapt, nu sunt urmate de fapte.

Asta e o credință ca și cunoaștere și nu adevărata credință.

În plus, dacă mărturisești doar cu buzele că crezi în timp ce tu trăiești în păcat, cum poți spune că ai credință? Biblia îți spune că păcatul făcut cu bună știință este mai rău decât păcatul făcut fără cunoaștere.

Atunci când mărturisești, „Cred" fără fapte, ai putea crede că ai credință, dar Dumnezeu nu o recunoaște ca adevărată credință.

Israeliții care au plecat din Egipt au trăit multe lucrări ale lui Dumnezeu. Dumnezeu a despărțit Marea Roșie în două, Le-a dat mane cerești și prepelițe, și i-a protejat cu o coloană de nor ziua și o coloană de foc noaptea.

Dar când Dumnezeu Le-a poruncit să spioneze țara lui Canaan, doar Iosua și Caleb au crezut în cuvântul și puterea lui Dumnezeu. Ca rezultat, acei israeliți care nu au urmat pe Dumnezeu pentru că nu aveau credință îndeajuns de puternică să meargă în Canaan, au avut 40 de ani de rătăciri prin sălbăticie și într-un final au murit acolo.

Trebuie să știi că este fără rost dacă nu crezi și acționezi conform cuvântului lui Dumnezeu, chiar dacă ai fost martorul și ai trăit atâtea lucrări ale lui Dumnezeu. Credința este completată prin fapte.

Doar cei care respectă legea sunt făcuți drepți

Dumnezeu ne spune în Romani 2:13 că, *"Pentru că nu cei ce aud legea sunt drepți înaintea lui Dumnezeu, ci cei care împlinesc legea vor fi îndreptățiți".*

Ești îndreptățit prin participarea la slujbă și ascultarea mesajelor. Ești făcut drept doar dacă inima ta neadevărată se schimbă într-o inimă adevărată acționând conform Cuvântului lui Dumnezeu.

Unii cred că poți fi mântuit doar spunându-I cu buzele lui Isus Hristos „Domnul", înțelegând greșit Romanii 10:13, *"Fiindcă "oricine va chema Numele DOMNULUI va fi mântuit".* Dar este absolut greșit. Așa cum se spune în Isaia 34:16, *"Căutați în cartea DOMNULUI și citiți! Niciuna din toate acestea nu va lipsi, niciuna, nicialta nu vor da greș, pentru că gura Domnului a poruncit lucrul acesta: Duhul Lui le va strânge".* Cuvântul lui Dumnezeu are însoțitor și devine perfect doar când este interpretat cu însoțitorul.

Romanii 10:9-10 spune, *"Dacă mărturisești deci cu gura ta pe Isus ca DOMN și crezi în inima ta că Dumnezeu L-a înviat dintre cei morți, vei fi mântuit. Căci cu inima ta crezi și ești îndreptățit și prin mărturisirea ta cu gura ajungi la mântuire".*

Doar cei care cred cu inima că Isus a fost înviat pot face mărturisirea lor cu gura adevărată, pentru că ei trăiesc conform

Cuvântului lui Dumnezeu. Ei vor fi mântuiţi atunci când mărturisesc cu credinţă adevărată şi devin tot mai drepţi, dar cei care nu mărturisesc cu credinţă nu pot fi mântuiţi.

De aceea Isus a spus în Matei 13:49-50, „*Tot aşa va fi şi la sfârşitul veacului: îngerii vor ieşi, vor despărţi pe cei răi din mijlocul celor drepţi şi-i vor arunca în cuptorul de foc; acolo va fi plânsul şi scrâşnirea dinţilor*".

Aici, „cei drepţi" se referă la cei care îl recunosc pe Dumnezeu şi pretind că au credinţă. „Vor despărţi pe cei răi din mijlocul celor drepţi" înseamnă că aceia care nu acţionează conform cuvântului lui Dumnezeu nu pot fi mântuiţi chiar dacă merg la biserică şi duc o viaţă creştină.

Dumnezeu doreşte cu adevărat cirmcumscrierea inimii

Dumnezeu doreşte ca copiii Lui să fie desăvârşiţi şi perfecţi. De aceea El ne spune în 1 Petru 1:15, „*Ci, după cum Cel care v-a chemat este sfânt, fiţi şi voi sfinţi în toată purtarea voastră*", şi în Matei 5:48, „*Voi fiţi deci desăvârşiţi după cum şi Tatăl vostru Cel ceresc este desăvârşit*".

Pe timpul Vechiului Testament, oamenii erau mântuiţi de fapte ca reprezentare a ceea ce urma să vină, dar pe timpurile Noului Testament de când Isus Hristos a respectat legea cu iubire, tu eşti mântuit de credinţă.

„A fi mântuit de faptele Legii" înseamnă că chiar dacă ai, de exemplu, o inimă murdară care te îndeamnă la crimă, ură, adulter, minciună, şi aşa mai departe, nu este considerat păcat până când nu este înfăptuit.

Dumnezeu nu condamnă oamenii decât dacă îndeplinesc fapte greșite pentru că ei nu pot să se lepede de păcate prin ei înșiși fără ajutorul Duhului Sfânt în timpul Vechiului Testament. Totuși, pe timpul Noului Testament, ești mântuit doar când îți circumscrii inima în credință cu ajutorul Duhului Sfânt, căci Duhul Sfânt a venit la tine. Duhul Sfânt te face mai conștient să trăiești conform Cuvântului lui Dumnezeu. De aceea, poți să te lepezi de neadevăr și să îți circumscrii inima cu ajutorul Duhului Sfânt.

Trebuie să știi că Dumnezeu Îți cere cu adevărat să îți circumscrii inima, să renunți la păcate, să fii credincios, și să participi la natura divină. Apostolul Pavel știa voia lui Dumnezeu și a învățat cirrcumcizia inimii, nu a trupului (Romanii 2:28-29). El te-a avertizat să reziști până la punctul de a-ți vărsa sângele în lupta ta împotriva păcatului, cu ochii tăi ațintiți spre Isus, perfecționistul credinței (Evrei 12:1-4).

Capitolul 9

SĂ FII NĂSCUT DIN APĂ ŞI DIN DUH

- Nicodim a venit la Isus
- Isus ajută la înţelegerea spirituală
  a lui Nicodim
- Când eşti născut din apă şi din Duh
- Trei martori: Duhul, Apa şi Sângele

Dar între farisei era un om cu numele Nicodim, un fruntaş al iudeilor. „El a venit noaptea la Isus şi I-a zis: Învăţătorule, ştim că eşti un învăţător venit de la Dumnezeu, căci nimeni nu poate face semnele pe care le faci Tu, dacă nu este Dumnezeu cu el." Isus a răspuns şi a zis: „Adevărat, adevărat îţi spun că dacă un om nu este născut din nou, nu poate vedea împărăţia lui Dumnezeu." Nicodim i-a zis: „Cum se poate naşte un om bătrân? Poate el să intre a doua oară în pântecele mamei sale şi să se nască?" Isus i-a răspuns: „Adevărat, adevărat îţi spun că, dacă cineva nu este născut din apă şi din Duh, nu poate să intre în împărăţia lui Dumnezeu."

Ioan 3:1-5

Dumnezeu a trimis pe Isus Hristos, unicul şi singurul Său Fiu, şi a deschis calea spre mântuire. Oricine acceptă pe Isus primeşte dreptul să devină copil al lui Dumnezeu şi se bucură de binecuvântarea vieţii veşnice acum şi pentru totdeauna. Totuşi, astăzi vezi multe persoane ce nu au această siguranţă de mântuire, chiar dacă ei L-au primit pe Isus Hristos. Mai mult, anumite persoane pretind că au primit mântuirea, dar le lipseşte credinţa ca să fie mântuiţi, iar alţii pretind că vor fi mântuiţi pentru ca au primit Duhul Sfânt o dată, dar nu le pasă de faptele lor de după.

Acum pentru a încheia mesajul crucii, să fim limpezi despre cum poţi atinge mântuirea perfectă din momentul în care l-ai primit pe Isus Hristos, prin istoria lui Nicodim.

Nicodim a venit la Isus

În vremurile lui Isus, fariseii aveau un mare respect pentru Legea lui Moise, şi au continuat tradiţia bătrânilor. Erau lideri religioşi dintre israeliţii aleşi care credeau în suveranitatea lui Dumnezeu, în înviere, îngeri, Judecata finală şi în faptul că Mesia va veni.

Totuşi, Isus I-a mustrat în mod repetat, spunând, „Vai de voi, fariseilor". Ei, ca ipocriţi, apăreau în faţa oamenilor ca sfinţi pe dinafară, dar pe dinăuntru erau plini de lăcomie şi egoism precum mormintele văruite (Matei 23:25-26).

Nicodim avea o inimă bună

Nicodim era unul dintre farisei din consiliul de evrei conducător numit Sanhedrin. Totuşi, el nu L-a persecutat pe Isus precum ceilalţi farisei. În schimb, el a crezut că Isus a venit de la Dumnezeu, văzând minunile şi semnele pe care le-a făcut Isus. Nicodim dorea să ştie cine era Isus pentru ca avea o inimă bună.

În Ioan 7:51 Nicodim întreabă fariseii ce doreau să-l persecute pe Isus, apărându-L, *„Legea noastră judecă ea pe un om dacă nu aude mai întâi de la el şi nu cunoaşte ce face?"*

Nu era uşor să vorbeşti aşa ca membru al Sanhedrinului în acele vremuri. Chiar dacă o guvernare scoate din afara legii sau descurajează creştinismul, persoanele oficiale nu pot sta de partea creştinimsului. Tot aşa, în acel timp israeliţii priveau toate celelalte religii în afară de iudaism, ca fiind false. Nicodim ştia că poate fi excomunicat dacă stătea de partea lui Isus.

Cu toate astea, Nicodim l-a apărat pe Isus. A demonstrat că este sincer şi că era ferm de partea credinţei în Isus.

Ioan 19:39-40 portretizează o scenă imediat de după moartea lui Isus pe cruce:

Şi Nicodim, care la început venise la Isus noaptea, a venit şi el şi a adus o amstecătură de aproape o sută de litri de smirnă şi aloe. Au luat deci trupul lui Isus şi

L-au înfășurat în fâșii de pânză de in cu miresme, după cum au obicei iudeii să înmormânteze.

Deci, Nicodim credea că Isus era omul lui Dumnezeu, l-a servit pe Isus chiar și după răstignirea Lui, și a primit mântuirea cu credința în învierea Lui.

Nicodim vine la Isus

În Ioan 3, există un dialog între Isus și Nicodim înainte ca el să înțeleagă adevărul în duh.

Într-o noapte Nicodim a venit la Isus și a declarat, *„El a venit noaptea la Isus și I-a zis: Învățătorule, știm că ești un învățător venit de la Dumnezeu, căci nimeni nu poate face semnele pe care le faci Tu, dacă nu este Dumnezeu cu el"* (versetul 2).

Nicodim la început nu știa că Isus era Mesia și Fiul lui Dumnezeu. Dar, după ce a fost martorul minunilor lui Isus, Nicodim a realizat și a zis că Isus era un om al lui Dumnezeu pentru că el avea o conștiință bună. Prin această conștiință bună, el știa că doar Dumnezeu cel Atotputernic putea învia din morți, putea să facă orbii să vadă, putea să facă ologii să stea în picioare, și leproșii să fie vindecați.

Dar, de ce a venit la Isus noaptea? Era precum acele persoane care nu vin la biserică în mod deschis pentru că nu au încredere în Dumnezeu Creatorul.

Deși Nicodim avea o inimă bună, el nu avea o credință adevărată. El nu avea încredere în Isus ca fiind Fiul lui

Dumnezeu şi Mesia, aşa că nu L-a vizitat deschis pe timpul zilei
– a venit noaptea.

Isus ajută la înţelegerea spirituală a lui Nicodim

Isus I-a spus lui Nicodim, „*Isus a răspuns şi i-a zis:
Adevărat, adevărat îţi spun că, dacă un om nu este născut din
nou, nu poate vedea împărăţia lui Dumnezeu*" (Ioan 3:3).

Dar Nicodim nu putea înţelege asta deloc. Apoi a întrebat
din nou, „Cum poate un om să se nască atunci când e bătrân"? El
nu avea credinţă spirituală, aşa că se întreba, „un bătrân moare se
întoarce în ţărână, şi atunci cum poate să se nască din nou"?

Apoi Isus I-a spus de naşterea din apă şi din Duh: „*Adevărat,
adevărat îţi spun că, dacă cineva nu este născut din apă şi din
Duh, nu poate să intre în împărăţia lui Dumnezeu. Ce este
născut din carne este carne; şi ce este născut din Duh este
duh*" (Ioan 3:5-6).

Atunci când Nicodim a devenit curios la ceea ce a spus Isus,
El I-a explicat într-o parabolă: „*Vântul suflă încotro vrea şi-i
auzi vuietul, dar nu ştii de unde vine, nici încotro merge. Tot
aşa este cu oricine este născut din Duhul*" (Ioan 3:8).

După neascultarea lui Adam, duhul fiecărui om a murit şi
fiecare de atunci este destinat să moară. Totuşi, duhul unui om
reînvie după ce s-a născut din Duhul Sfânt. Şi pe măsură ce
devine spiritual, el reface imaginea lui Isus şi este mântuit. Dar,
Nicodim nu înţelegea la ce se referea Isus (Ioan 3:9).

Aşa că a întrebat, „Cum poate să fie asta?" Iar Isus i-a răspuns:

Dacă v-am vorbit de lucrurile pământeşti şi nu credeţi, cum veţi crede când vă voi vorbi despre cele cereşti? Nimeni nu s-a suit în cer, afară de Cel care S-a coborât din cer, Fiul Omului, care este în cer. Şi după cum Moise a înălţat şarpele în pustie, tot aşa trebuie să fie înălţat şi Fiul Omului, pentru ca oricine crede în El să nu piară, ci să aibă o viaţă veşnică.

În Numeri, 21:4-9, israeliţii care au fost conduşi afară din Egipt au vorbit împotriva lui Moise din cauză că călătoria lor spre Canaan devenea tot mai dificilă de suportat. Apoi Dumnezeu Şi-a întors faţa şi a trimis şerpi veninoşi să muşte lumea.

Şi cum ei strigau după ajutor, Dumnezeu I-a spus lui Moise să facă un şarpe de bronz şi să-l pună pe stâlp. Dumnezeu a mântuit pe oricine se uita la el, acele persoane încăpăţânate au murit pentru că nici măcar nu s-au chinuit să se uite la el fiind plini de neîncredere.

Să înţelegi Cuvântul lui Dumnezeu în mod spiritual

De ce a poruncit Dumnezeu să se facă un şarpe de bronz şi să fie pus pe un stâlp? Din Geneza 3:14 ştim că şarpele a fost blestemat. În plus, în Galateni 3:13 se spune, *„blestemat oricine este atârnat de lemn".*

De aceea, să pui un şarpe de bronz pe un băţ, simbolizează că

Isus va fi pus pe o cruce de lemn precum şarpele blestemat, pentru a ne elibera. În plus, cum privea oricine la şarpele de bronz trăia, deci oricine crede în Isus Hristos este mântuit.

Nicodim nu putea să înţeleagă înţelesul cuvântului lui Dumnezeu, pentru că nu fusese încă născut din apă şi din Duh, iar ochii săi spirituali nu fuseseră încă deschişi.

Chiar şi astăzi, dacă nu eşti născut din apă şi din Duh, şi nu ai ochii spirituali deschişi, nu poţi înţelege înţelesul mesajului spiritual pentru că l-ai putea prelua ad literam şi l-ai înţelege greşit.

Trebuie să te rogi fervent pentru a înţelege înţelesul spiritual al cuvântului lui Dumnezeu, prin inspiraţia Duhului Sfânt. Apoi harul lui Dumnezeu îţi va deschide inima, şi vei putea înţelege cuvântul lui Dumnezeu şi vei avea credinţă adevărată.

Când eşti născut din apă şi din Duh

Isus I-a spus lui Nicodim când l-a vizitat noaptea, *„Adevărat, adevărat îţi spun că, dacă cineva nu este născut din apă şi din Duh, nu poate să intre în împărăţia lui Dumnezeu. Ce este născut din carne este carne; şi ce este născut din Duh este duh"*. (Ioan 3:5-6).

Să clarificăm înţelesul la a fi născut din apă şi din Duh. Cum poţi să te naşti din nou din apă şi din Duh şi să obţii mântuire?

Apa simboliezază Apa vieții veşnice

Apa îți alungă setea şi netezeşte organele interne ale corpului. De asemenea curăță corpul în interior şi în exterior.

De aceea Isus a comparat apa cu viaţa veşnică pentru a-ţi spune că te curăță şi îți dă viață.

Isus ne spune în Ioan 4:14, „*dar oricui va bea din apa pe care i-o voi da Eu, în veac nu-i va fi sete; ci apa pe care i-o voi da Eu, se va face în el izvor de apă, ţâşnind în viaţă veşnică*".

Dacă bei apă, nu îți e sete o vreme, dar până la urmă îți vine setea din nou. Apa în această scriptură înseamnă apa eternă. Oricine bea apa pe care Isus I-o dă nu-i va mai fi sete niciodată. Cu alte cuvinte, „un izvor de apă ce ţâşneşte spre apa vieţii" îți dă viaţă.

În Ioan 6:54-55 citim că, „*Cine mănâncă trupul Meu şi bea sângele Meu are viaţă veşnică; şi Eu îl voi învia în ziua de la urmă. Căci trupul Meu este adevărată hrană şi sângele Meu adevărată băutură*". Asta este, trupul lui Isus şi sângele Său sunt apa veşnică.

Mai mult, „trupul" Lui se referă la cuvântul din Biblie pentru că Isus este Cuvântul ce a venit trup pe această lume. A mânca trupul Său se referă la a urma cuvântul Lui în mintea ta în timp ce citeşti Biblia.

Sângele lui Isus este viaţă, iara viaţa este adevăr. Adevărul este Hristos, iar Hristos este puterea lui Dumnezeu. Toate acestea reprezintă sângele lui Isus. De vreme ce puterea lui Dumnezeu vine în credinţă, a bea sângele lui Isus înseamnă să urmezi cuvântul Lui cu credinţă.

Ai învăţat că apa în mod spiritual simbolizează „trupul" lui Isus – care este cuvântul lui Dumnezeu şi Mielul lui Dumnezeu. Felul în care apa îţi curăţă trupul, tot aşa cuvântul lui Dumnezeu spală lucrurile murdare din inima ta.

De aceea eşti botezat cu apă în biserică, iar botezul simbolizează că eşti copil al lui Dumnezeu şi iertat de păcatele tale. Mai mult, înseamnă că trebuie să meditezi la cuvântul lui Dumnezeu şi să te cureţi în fiecare zi.

Născut din nou din apă

Cum poţi atunci să speli murdăria din inima ta cu cuvântul lui Dumnezeu care este apa veşnică?

Există patru feluri de porunci pe care Dumnezeu ni le dă: „Fă", „Nu face", „Păstrează" şi „Leapădă". De exemplu, Dumnezeu îţi spune să nu faci anumite lucruri, precum invidia, ura, judecarea altora, furtul, adulterul şi crima.

În acelaşi fel, trebuie să nu faci ceva ce e interzis, şi să te lepezi de orice fel de lucruri rele. Trebuie de asemenea să ţii Postul, să predici, să te rogi şi să iubeşti pe celălalt. Inima ta va fi aşa gradual umplută cu adevăr cu ajutorul Duhului Sfânt, şi cuvântul lui Dumnezeu va spăla tot ceea ce nu este drept şi toate păcatele. În acest fel, inima ta va fi circumscrisă şi transformată în adevăr prin faptele tale care sunt în conformitate cu cuvântul lui Dumnezeu, iar asta înseamnă „a fi născut din apă".

De aceea, pentru a primi întreaga mântuire, trebuie nu doar să Îl accepţi pe Isus, ci şi să îţi circumscrii inima urmând cuvântul lui Dumnezeu în fiecare moment al vieţii tale.

Născut din nou din Duh

Pentru a primi mântuirea, trebuie să te naşti din apă şi din Duh. Cum poţi să fii născut din Duh? În Faptele Apostolilor 19:2, apostolul Pavel a întrebat câţiva ucenici, „Aţi primit voi Duh Sfânt când aţi crezut"? Ce înseamnă să primeşti Duh Sfânt?

Primul om, Adam, era alcătuit din „duh", „suflet" şi „trup" (1 Tesaloniceni 5:23), dar duhul său a murit ca rezultat al neascultării sale. Apoi a devenit o fiinţă care nu era mai bună decât un animal, făcut din suflet şi trup (Ecleziast 3:18).

Dacă te căieşti de păcatele tale, acceptând că eşti un păcătos, Dumnezeu Îţi dă Duhul Sfânt ca dar şi ca dovadă că eşti copilul Lui (Faptele Apostolilor 2:38).

Orice copil ce primeşte Duhul Sfânt, este capabil să distingă între bine şi rău prin cuvântul lui Dumnezeu şi să trăiască conform cuvântului lui Dumnezeu prin puterea şi rezistenţa din rai şi printr-o rugăciune permanentă şi ferventă.

În acest fel, te schimbi în adevăr şi ai credinţa spirituală până la punctul de a da naştere duhului prin Duhul Sfânt. În Ioan 3:6 se spune că, „*Ce este născut din carne este carne; şi ce este născut din Duh este duh*", iar în Ioan 6:63 observă că, „*Duhul este acela care dă viaţă, carnea nu foloseşte la nimic; cuvintele pe care vi le-am spus Eu sunt duh şi sunt viaţă*".

Să devii un om al duhului urmărind Duhul Sfânt

Când eşti născut din apă şi din Duhul Sfânt, vei obţine cetăţenia raiului (Filipeni 3:20). Ca şi copil al lui Dumnezeu,

participi la slujbe de rugăciuni, te rogi Lui cu bucurie, şi te
străduieşti să trăieşti în lumină.

Înainte de a primi Duhul Sfânt, ai trăit în întuneric pentru că
nu ştiai adevărul. Totuşi, după ce ai primit Duhul Sfânt, încerci
să trăieşti în lumină.

Şi odată cu trecerea timpului, afli că în timp ce ai bucuria în
inima ta, te zbaţi constant în interiorul tău. Asta pentru că legea
Duhului care urmează dorinţele Duhului Sfânt se zbat contra
legii naturii păcătoase care a urmat lăcomiei omului păcătos,
plăcerea trupească din ochii lui, şi mândria vieţii (1 Ioan 2:16).

Apostolul Pavel vorbea despre această zbatere: „*Fiindcă
după omul dinăuntru îmi place legea lui Dumnezeu, dar văd în
mădularele mele o altă lege, care se luptă împotriva legii
minţii mele şi mă ţine rob legii păcatului, care este în
mădularele mele. O, nenorocitul de mine! Cine mă va scăpa
din acest trup de moarte?*" (Romanii 7:22-24)

Atunci când te-ai născut din apă şi din Duh, tocmai ai
devenit un copil al lui Dumnezeu. Dar asta nu înseamnă că eşti o
persoană perfectă spiritual.

De aceea Galatenii 5:16-17 ne spune, „*Zic dar: umblaţi prin
Duhul şi nu veţi împlini pofta firii păcătoase. Căci firea
păcătoasă pofteşte împotriva Duhului şi Duhul împotriva firii
păcătoase; şi acestea sunt opuse unul altuia, ca să nu faceţi
ceea ce aţi voi*".

Ca să urmezi Duhul Sfânt, trebuie să trăieşti potrivit
cuvântului lui Dumnezeu şi fă voia acceptabilă şi plăcută lui
Dumnezeu. Deci, dacă urmezi dorinţele Duhului, nu vei fi

amăgit şi vei fi capabil să învingi vrăjmaşul diavolul şi Satana care te tentează să urmezi dorinţele de natură păcătoasă. Poţi trăi după adevăr şi să fii devotat credinţei împărăţiei lui Dumnezeu şi dreptăţii Sale.

Atunci când urmezi dorinţele Duhului Sfânt, eşti în bucurie şi pace. Dar, vei fi nefericit şi împovărat când urmezi dorinţele de natură păcătoasă.

Odată cu maturizarea credinţei tale, poţi să te lepezi de păcatele tale şi să urmezi dorinţele Duhului Sfânt în toate privinţele. Dorinţele din tine doresc să urmeze natura păcătoasă, dar ele vor dispărea. Mai mult, nu trebuie să te mai zbaţi să alungi păcatele şi să mai fii nefericit. Poţi fi mereu fericit indiferent de împrejurare.

Dumnezeu este mulţumit de aceia care trăiesc după dorinţa Duhului. El le dă dorinţele inimilor lor aşa cum Ne-a promis în Psalmii 37:4, „*DOMNUL să-ţi fie desfătare şi El îţi va da tot ce-ţi doreşte inima*".

Dacă îţi schimbi inima cu una umplută doar cu adevăr, Dumnezeu este foarte mulţumit cu tine şi face tot posibilul pentru tine. Sper că te vei naşte din apă şi din Duh, şi vei trăi potrivit dorinţelor Duhului.

Trei martori: Duhul, Apa şi Sângele

Aşa cum am explicat deja, trebui să fii născut din apă şi din Duh pentru a fi mântuit. Dar, pentru a primi mântuire completă, trebuie să fii purificat de păcate cu sângele lui Isus prin pășirea în lumină.

Dacă inima ta nu este purificată, încă mai ai păcate. De aceea, ai nevoie de sîngele lui Isus Hristos pentru a fi purificat de păcatele rămase.

Despre asta, 1 Ioan 5:5-8 ne spune următoarele:

> *Cine este cel care biruie lumea, dacă nu cel care crede că Isus este Fiul lui Dumnezeu? El, Isus Hristos, este Cel care a venit cu apă și cu sânge, nu numai cu apă, ci cu apă și cu sânge; și Duhul este Cel ce mărturisește, fiindcă Duhul este adevărul. Căci trei sunt care mărturisesc; Duhul, apa și sângele, și acești trei sunt una în mărturia lor.*

Isus vine din apă și din sânge

Ioan 1:1 ne spune că „*Cuvântul era Dumnezeu*", și Ioan 1:14 că „*Și Cuvântul a devenit trup și a locuit printre noi (și noi am privit slava Lui, slavă ca a unicului Fiu din partea Tatălui), plin de har și de adevăr*". Asta e, Isus, unicul Fiu al lui Dumnezeu și Cuvântul lui Dumnezeu, a venit pe pământ trup pentru a ne ierta toate păcatele. Chiar și astăzi, El continuă să ne purifice cu cuvântul lui Dumnezeu – Biblia.

Însă, nu poți trăi conform cuvântului lui Dumnezeu fără ajutorul Duhului Sfânt. Este imposibil să te lepezi de păcate prin propria ta putere. Trebuie să primești ajutorul Duhului Sfânt prin rugăciuni fervente pentru ca să poți îndepărta poftele naturii păcătoase, plăcerea trupească din ochii tăi, și mândria vieţii. Doar atunci poţi alunga întunericul neadevărului din inima ta.

În plus, ai nevoie să verşi sânge pentru a fi iertat. În Evrei 9:22 se spune că *„Şi după lege, aproape totul este curăţit cu sânge; şi fără vărsare de sânge nu este iertare"*. Ai nevoie de sângele lui Isus pentru că doar nevinovăţia şi curăţenia sângelui Lui îţi dau iertare.

Trebuie să crezi în Isus care a venit în apă şi sânge, şi să primeşti Duhul Sfânt ca un dar de la Dumnezeu pentru a obţine mântuirea, pentru care trebuie să urmezi următoarele trei: Duhul, apa şi sângele.

Dacă nu există vărsarea sângelui, nu este iertare şi eşti încă în păcat. Ai nevoie nu doar de cuvânt – apa – să fii purificat, dar şi de Duhul Sfânt pentru a te ajuta să trăieşti conform acestui Cuvânt complet. Deci acestea trei sunt în învoială.

De aceea, noi trebuie, după ce am fost iertaţi de păcatele noastre prin acceptarea lui Isus Hristos, să continuăm să fim născuţi din apă şi Duh pentru a obţine mântuirea perfectă, şi înţelegând că cele trei, Duhul, apa şi sângele împreună ne mântuiesc şi ne duc spre rai.

Capitolul 10

CE ESTE EREZIA?

- Definiţia biblică a ereziei
- Duhul adevărului şi Duhul neadevărului

În popor s-au ridicat şi proroci mincinoşi, cum şi între voi vor fi învăţători mincinoşi, care vor strecura pe furiş erezii nimicitoare, tăgăduind pe Stăpânul care i-a cumpărat şi aducând asupra lor o grabnică distrugere. Mulţi îi vor urma în căile lor dezmăţate. Şi, din cauza lor, calea adevărului va fi hulită.

2 Petru 2:1-3

Pe măsură ce civilizația materialismului s-a dezvoltat, oamenii au ajuns să-L nege pe Dumnezeu pentru că ei depind de înțelepciunea și cunoștințele lor. Odată cu răspândirea păcatelor, duhurile oamenilor au devenit întunecate și oamenii au devenit corupți. De aceea, multă lume este amăgită cu minciuni pentru că ei n-o pot distinge între ce e adevărat și ce e fals. De asemenea ei greșesc judecând alți oameni pe baza cunoștințelor lor juste și a teoriilor lor.

În Matei 12:22-32, Isus a vindecat un om posedat de diavol care a fost orb și mut. Totuși, când fariseii au auzit asta, au spus, *„Omul acesta nu scoate demonii decât cu Beelzebul, domnul demonilor"* (versetul 24). Ei au socotit că lucrarea lui Dumnezeu a fost făcută de un demon.

Isus a spus în Matei 12:31-32, *„De aceea vă spun: orice păcat și orice hulă vor fi iertate oamenilor; dar hula împotriva Duhului Sfânt nu va fi iertată oamenilor. Oricine va vorbi împotriva Fiului Omului, îi va fi iertat; dar oricine va vorbi împotriva Duhului Sfânt, nu îi va fi iertat, nici în veacul acesta, nici în cel viitor".*

Fariseii au socotit că ceea ce Isus a făcut prin puterea lui Dumnezeu era lucrarea unui demon. Asta e o blasfemie ce se opune Duhului Sfânt. Acei farisei, de aceea, nu pot fi iertați.

Dacă distingi între adevăr și fals în mod limpede după Biblie, nu vei judeca pe alţii şi nu vei fi nici decepţionat de ceea ce e fals.

Să ne coborâm mai mult în „erezie" din perspectiva lui Dumnezeu, cum să distingi între Duhul lui Dumnezeu şi cel al diavolului, şi câteva secte eretice la care trebuie să fii atent.

Definiţia biblică a ereziei

Dicţionarul Oxford defineşte „erezia" ca pe „o credinţă" sau o opinie ce este împotriva unei anumite religii. Anumite persoane privesc că doar ceea ce cred ei e drept, dar consideră alte religii ca fiind erezii. De exemplu, pentru un budist, doar budismul este adevărat şi drept. Pentru ei alte religii precum confucianismul nu sunt adevărate.

Pavel, însărcinat ca şef a unei secte eretice

Faptele Apostolilor 24:5, spun că, „*Am găsit pe omul acesta, că este o ciumă: pune la cale răzvrătiri printre toţi iudeii de pe tot pământul, este mai marele partidei nazarinenilor*". Aici „secta nazarineană" se referă la „o sectă eretică" şi este pentru prima dată că cuvântul „eretic" apare în Biblie.

Evreii l-au acuzat pe Pavel în faţa guvernatorului pentru că ei credeau că evanghelia pe care Pavel o predica era eretică. Pavel a respins acuzaţia şi ţi-a împărtăşit credinţa aşa cum este înregistrat în Faptele Apostolilor 24:13-16.

Aşa că n-ar putea dovedi lucrurile de care mă acuză

acum. Îţi mărturisesc că slujesc Dumnezeul părinţilor mei după Calea pe care ei o numesc partidă; eu cred tot ce este scris în Lege şi Proroci şi am în Dumnezeu nădejdea aceasta, pe care o primesc şi ei, că va fi o înviere a celor drepţi şi a celor nedrepţi. De aceea mă deprind să am totdeauna o conştiinţă fără vină înaintea lui Dumnezeu şi înaintea oamenilor.

A fost Apostolul Pavel într-adevăr eretic?

Trebuie să te uiţi la definiţia ereziei din Biblie, pentru că Biblia este cuvântul lui Dumnezeu, singura Fiinţă care poate distinge adevărul de neadevăr. Termenul care are implicaţia de „sectă eretică" apare de cinci ori în Biblie. Dar, definiţia ereziei este discutată o singură dată doar:

În popor s-au ridicat şi proroci mincinoşi, cum şi între voi vor fi învăţători mincinoşi, care vor strecura pe furiş erezii nimicitoare, tăgăduind pe Stăpânul care i-a cumpărat şi aducând asupra lor o grabnică distrugere. Mulţi îi vor urma în căile lor dezmăţate. Şi, din cauza lor, calea adevărului va fi hulită.

„Stăpânul care i-a cumpărat" se referă la Isus Hristos. Omul la început aparţinea lui Dumnezeu şi trăia conform voiei Lui. După neascultarea lui, Adam a devenit un păcătos aparţinând diavolului. Dar, Dumnezeu a avut milă de oameniii care era pe calea morţii. Dumnezeu L-a trimis pe Isus, unicul Său Fiu, ca pace, oferindu-L şi permiţându-i să fie răstignit pentru ca El să deschidă calea mântuirii prin sângele Lui.

Dumnezeu a lucrat pentru noi, ce am aparţinut odată diavolului, pentru a ne ierta de păcate dacă credem în Isus Hristos. De asemenea primim viaţă şi vom aparţine din nou lui Dumnezeu. De aceea putem spune că Isus ne-a cumpărat prin răstignirea Lui, şi Biblia îţi spune că Isus este „Stăpânul care i-a cumpărat".

Ereticii Îl neagă pe Isus Hristos

Acum ştii că „eretic" se referă la „aceia care neagă Stăpânul care i-a cumpărat şi aducând asupra lor o grabnică distrugere" (2 Petru 2:1).Acest termen nu a mai fost folosit niciodată până când Isus a terminat misiunea Sa ca Mântuitor. Numele „Isus" înseamnă „[acela care] va mântui poporul Său de păcatele lor". „Hristos" este „Cel Uns". Isus a devenit Mântuitorul doar după ce a terminat lucrarea Lui - să fie răstignit şi înviat.

De aceea nu poţi găsi acest termen în Vechiul Testament sau în Evangheliile lui Matei, Marcu, Luca şi Ioan în care este înregistrată viaţa lui Isus. Chiar şi fariseii, învăţătorii Legii şi preoţii care l-au persecutat pe Isus nu folosesc acest termen. Nu a fost folosit nici de mai marele preoţilor.

Doar după învierea lui Hristos pentru a îndeplini misiunea Sa de Hristos, au apărut „oamenii ce neagă Stăpânul care i-a cumpărat". Şi doar atunci, Biblia a început să ne atenţioneze despre aceşti eretici.

De aceea, oamenii care cred în Isus Hristos ca fiind „Stăpânul care i-a cumpărat" nu sunt eretici. Dar dacă neagă asta ei sunt eretici.

Apostolul Pavel nu a negat pe Isus Hristos care I-a cumpărat sîngele prețios. În schimb, Pavel a mulțumit lui Isus Hristos și-l proclama oriunde mergea, iar Pavel a fost persecutat pentru asta și a trebuit să plătească scump. De cinci ori a primit din partea evreilor cele patruzeci de biciuri, minus una. Odată ce a fost prins, a fost întemnițat, persecutat de păgâni și de proprii săi conaționali, a fost trădat de cei în care avusese încredere. În ciuda a toate astea, Pavel a devenit cu mare putere, prin învingerea acelor suferințe cu bucurie și mulțumire, și L-a slăvit pe Dumnezeu, vindecând nenumărați oameni în numele lui Isus Hristos până în ziua când a avut moartea unui martir.

Pavel a predicat evanghelia demonstrând puterea lui Dumnezeu

Trebuie să știi că puterea lui Dumnezeu nu poate fi arătată acelora care Îl neagă pe Dumnezeu Creatorul și pe Isus Hristos care este în toate aspectele Dumnezeu, pentru că Biblia în mod clar zice, *„O dată a vorbit Dumnezeu, de două ori am auzit că puterea lui este a lui Dumnezeu"* (Psalmii 62:11).

Nu trebuie să judeci o persoană care demonstrează puterea lui Dumnezeu pentru că puterea demonstrează că Dumnezeu este cu el și că acea persoană Îl iubește enorm. În Galateni 1:6-8, Pavel, care a fost numit șef al unei secte nazarinene, a avertizat serios să nu urmeze sau predice o evanghelie diferită, alta decât mesajul crucii:

Mă mir că treceți așa de repede de la Cel care v-a chemat prin harul lui Hristos, la o altă evanghelie. Nu este alta; dar sunt unii care vă tulbură și voiesc să strice Evanghelia lui Hristos. Dar chiar dacă noi înșine sau un înger venit din cer ar veni să vă vestească o altă evanghelie, deosebită de aceea pe care v-am vestit-o noi, să fie anatema!

Chiar și astăzi, anumite persoane sunt considerate eretice, chiar dacă ei nu Îl neagă pe Isus Hristos ci doar predică evanghelia lui Hristos și declară pe Dumnezeul cel viu demonstrând și lucrând cu puterea Lui.

Nu judeca la întâmplare pe alții ca fiind eretici

De asemenea am suferit și am îndurat o serie de procese fiind acuzat de erezie, în timp ce am demonstrat puterea lui Dumnezeu, iar biserica mea a crescut mai mare. De fapt, mărimea congregației a crescut la mai mult de 120.000 de membri în ultimele două decenii de când biserica a fost fondată, adică în 1982.

Am suferit de multe boli timp de șapte ani, și am fost vindecat de puterea lui Dumnezeu dintr-o dată. Apoi am încercat să trăiesc pentru slava lui Dumnezeu indiferent că mâncam, beam, la fel cum a făcut Apostolul Pavel. Mi-am pus viața în mâna lui Dumnezeu și m-am concentrat „Doar pe Isus, întotdeauna Isus".

Din clipa în care am fost laic, am încercat să arăt că

Dumnezeu m-a vindecat şi să predic evanghelia. După ce am fost numit rob al lui Dumnezeu, am predicat mesajul crucii şi am susţinut pe Dumnezeu cel viu şi pe Isus ca Mântuitor. Am mărturisit despre Dumnezeu chiar şi când am oficiat o nuntă pentru că eram nerăbdător să conduc mai multă lume pe calea mântuirii.

Mi-am dat seama că atât puterea cuvântului lui Dumnezeu şi dovada a Dumnezeului care trăieşte au fost necesare pentru a fi martorul Domnului până la sfârşitul lumii. Aşa că mă rugam cu fervoare, aşa cum predecesorii în credinţă au făcut-o, pentru a primi puterea lui Dumnezeu, şi am trecut de toate procesele ce mi-au fost intentate, cu bucurie şi slavă.

Uneori parcă era sentinţe la moarte. Dar, aşa cum Isus a primit slava reînvierii după moartea Sa nevinovată, tot aşa Dumnezeu mi-a crescut puterea potrivit voiei Sale oricând învingeam în procese, unul după celălalt.

Ca rezultat, de fiecare dată când am mărturisit că Dumnezeu este unicul Dumnezeu adevărat, şi că eşti mântuit când crezi în Isus Hristos peste tot în lume – în Kenia, Uganda, Honduras, Japonia, chiar şi în Pakistanul puternic musulman şi în India hindusă – din anul 2000, zeci de mii de oameni s-au căit, orbii au primit vederea din nou, muţii au vorbit, surzii au auzit, şi bolile nevindecabile precum SIDA şi diferite tipuri de cancer au fost vindecate. Aceste minuni îl slăvesc nespus de mult pe Dumnezeu.

De aceea, unul care înţelege pe deplin ce este erezia, nu va judeca pe alţii ca eretici. În Faptele Apostolilor 5:33-42 citeşti despre Gamaliel, un învăţător al legii, care a fost onorat de tot poporul său. Cum a făcut asta?

În acea vreme, fariseii din Sanhedrin au interzis lui Pavel şi Ioan să mărturisească despre Isus Hristos, dar ei erau plini de Duhul Sfânt şi nu au ascultat consiliul. Deci, membrii din Sanhedrin au dorit să trimită pe apostoli la moarte. Dar, Gamaliel s-a opus în Sanhedrin şi a poruncit ca ei să fie eliberaţi o perioadă. Apoi Li s-a adresat:

> *Şi le-a zis: Bărbaţi israeliţi, luaţi seama bine la voi înşivă, ce aveţi de gând să faceţi oamenilor acestora. Căci nu de mult s-a ridicat Teuda, care zicea că el este cineva şi la care s-au alipit aproape patru sute de bărbaţi. El a fost omorât şi toţi cei care îl ascultaseră au fost risipiţi şi nimiciţi. Şi acum, eu vă spun: Depărtaţi-vă de oamenii aceştia şi lăsaţi-i în pace. Dacă planul sau lucrarea aceasta este de la oameni, se va distruge; dar dacă este de la Dumnezeu, nu-i veţi putea nimici. Să nu fiţi găsiţi luptând împotriva lui Dumnezeu. (Faptele Apostolilor 5:35-39).*

Pe măsură ce citeşti acest pasaj, îţi dai seama că dacă o lucrare miraculoasă nu era de la Dumnezeu, atunci se va nimici până la urmă chiar dacă oamenii nu intervin. Dar, dacă ei se opun sau întrerup lucrările ce sunt de la Dumnezeu, ei nu vor fi capabili să oprească aceste lucrări. În schimb, efortul lor nu este diferit faţă de cel de a lupta împotriva lui Dumnezeu şi vor fi subiect al pedepsei şi judecăţii Lui.

Anumite persoane judecă pe altele ca fiind eretice din cauza diferenţei în interpretarea Bibliei, viziunilor Duhului Sfânt, şi chiar limbile vorbite deşi toţi sunt de acord cu Trinitatea şi cu faptul că Isus Hristos a venit trup pe această lume.

Anumite persoane spun chiar că ei nu au nevoie de limbi sau viziuni, şi că aceste lucrări ale Duhului Sfânt sunt greşite pentru că nu există înregistrare cum că Isus vorbea cu glasul său că avea viziuni. Totuşi, Biblia ne spune că asta e bine pentru noi:

Şi fiecăruia i se dă manifestarea Duhului spre folosul tuturor. Căci unuia îi este dat, prin Duhul, cuvânt de înţelepciune; altuia, cuvânt de cunoştinţă, datorită aceluiaşi Duh; altuia credinţa, prin acelaşi Duh; altuia daruri de vindecare, prin acelaşi Duh; altuia, puterea să facă minuni; altuia, prorocia; altuia, deosebirea duhurilor; altuia, felurite limbi; şi altuia, interpretarea limbilor. Dar toate acestea le face unul şi acelaşi Duh, care dă fiecăruia în parte, cum Îi place. (1Corinteni 12:7-11).

Prin urmare, nu trebuie să ponegreşti sau să judeci pe cei care au daruri diferite ale Spiritului ca fiind eretici, doar pentru că nu ai l-ai experimentat tu însuţi.

Duhul adevărului şi Duhul neadevărului

În 2 Petru 2:1-3 există o explicaţie despre erezie. Biblia te aveetizează despre falşii proroci şi învăţători care pe furiş introduc erezii distructive. *„Mulţi îi vor urma în căile lor dezmăţate. Şi, din cauza lor, calea adevărului va fi hulită. În lăcomia lor, vor căuta ca, prin cuvântări înşelătoare, să aibă un câştig de la voi. Dar judecata îi paşte de mult şi pierzarea lor nu dormitează"* (2 Petru 2:2-3).

De asemenea în 1 Ioan 4:1-3 se spune, *„Preaiubiţilor, să nu daţi crezare oricărui duh, ci să cercetaţi duhurile, dacă sunt de la Dumnezeu, căci au ieşit în lume mulţi proroci mincinoşi. Prin aceasta să cunoaşteţi Duhul lui Dumnezeu: orice duh care mărturiseşte că Isus Hristos a venit în trup este de la Dumnezeu; şi orice duh care nu mărturiseşte pe Isus Hristos venit în trup nu este de la Dumnezeu, ci este duhul lui Antihrist, de a cărui venire aţi auzit şi care chiar este în lume acum."*

Verificaţi fiecare duh dacă este sau nu de la Dumnezeu

Există duhuri bune ce aparţin de Dumnezeu care te vor conduce spre mântuire, în timp ce duhurile rele care te amăgesc spre nimicire.

Pe de o parte, unuia căruia i-a fost dăruit Duhul Sfânt recunoaşte că Isus Hristos a venit trup. El crede în Trinitate – Dumnezeu, Isus Hristos şi Duhul, deci este pecetluit ca şi copil al lui Dumnezeu. El poate înţelege adevărul şi trăieşte conform adevărului cu ajutorul Duhului Sfânt.

Pe de altă parte, unul care are duhul anticristului opune pe

Isus Hristos cu cuvântul lui Dumnezeu şi neagă reînvierea lui. Trebuie să fii atent şi capabil să distingi anticriştii pentru că un anticrist adesea lucrează în mijlocul credincioşilor prin întrebuinţarea abuzivă a Cuvântului lui Dumnezeu.

În orice caz, a nega pe Isus Hristos nu e diferit faţă de a lupta împotriva lui Dumnezeu care L-a trimis pe această lume.

Biblia ne avertizează despre anticrist în 2 Ioan 1:7-8 după cum urmează:

Căci mulţi amăgitori au ieşit în lume, cei care nu mărturisesc pe Isus Hristos venind în trup. Acesta este amăgitorul şi Antihristul. Luaţi seama la voi înşivă, ca noi să nu pierdem ce am lucrat, ci să primim o răsplată deplină.

În 1 Ioan 2:19 este un alt avertisment pentru noi:

Ei au ieşit din mijlocul nostru, dar nu erau dintre ai noştri. Căci, dacă ar fi fost dintre ai noştri, ar fi rămas cu noi; ci au ieşit ca să se arate că nu toţi sunt dintre ai noştri.

Există două tipuri de anticrist: omul care este posedat de duhul anticristului şi omul care este amăgit de duhul anticristului. Amândouă încearcă să amăgească omul oriunde sălăşuieşte Duhul Sfânt. Ei capturează omul pentru a-l opune cuvântului lui Dumnezeu şi-l amăgesc prin propriile sale gânduri. Persoanele cu aceste gânduri ce sunt controlate în totalitate de duhul anticristului sunt numite „posedaţi de demon".

Dacă unui preot îi este inoculat duhul anticristului, membrii bisericii vor avansa tot mai mult pe calea nimicirii capturaţi fiind de duhul anticristului.

De aceea, trebuie să ştii foarte bine despre Duhul adevărului şi duhul neadevărului pentru a nu fii amăgit de duhul anticristului, ci de a trăi potrivit adevărului şi luminii.

Cum să distingi duhurile

În 1 Ioan 4:5-6 se spune, „*Ei sunt în lume; de aceea vorbesc ca din lume şi lumea îi ascultă. Noi suntem din Dumnezeu; cine cunoaşte pe Dumnezeu ne ascultă; cine nu este din Dumnezeu nu ne ascultă. Prin aceasta cunoaştem duhul adevărului şi duhul rătăcirii.*"

Termenul de „fals" se referă la „o declaraţie care nu este adevărată". Duhul rătăcirii este un duh din lume care te amăgeşte să crezi ceea ce nu este adevărat ca şi cum ar fi adevărat, şi te face să părăseşti graniţele credinţei. Adică, unul care e de la Dumnezeu ascultă cuvântul adevărului, dar unul care aparţine lumii ascultă la vorbele lumeşti, nu la adevăr. Deci, e uşor să-i recunoaştem. Devine evident pentru tine indiferent că e lumină sau întuneric, dacă ştii adevărul. Apoi poţi spune, „Această persoană este în adevăr, dar acea persoană este în întuneric".

De exemplu, dacă cineva spune duminica, „Haide să mergem la un picnic după masa. Haide să mergem doar la slujba de dimineaţă. Nu este şi aşa tot bine?" sau dacă încearcă să distrugă împărăţia lui Dumnezeu făcând trucuri rele şi încă pretinde că crede în Dumnezeu, asta este lucrarea duhului rătăcirii.

Poţi să înţelegi multe lucruri pe care Dumnezeu ţi le dă liber dacă primeşti Duhul adevărului care e de la Dumnezeu (1 Corinteni 2:12). De aceea Duhul Sfânt sălăşuieşte în tine – copilul preţios al lui Dumnezeu. El este Duhul adevărului şi te ghidează în tot adevărul. El nu vorbeşte prin vocea sa; El vorbeşte doar ceea ce aude, şi El îţi va spune ceea ce va urma să vină.

De aceea, Isus îţi spune în Ioan 14:17, *„Duhul adevărului, pe care lumea nu-L poate primi, pentru că nu-L vede şi nu-L cunoaşte; dar voi Îl cunoaşteţi, căci rămâne cu voi şi va fi în voi"*. Ioan 15:26 îţi dă încă o aluzie la Duhul Sfânt: *„Când va veni Mângâietorul, pe care-L voi trimite de la Tatăl, Duhul adevărului, care iese de la Tatăl, El va mărturisi despre Mine"*.

De asemenea în 1 Corinteni 2:10 puteţi citi, *„Nouă însă Dumnezeu ni le-a descoperit prin Duhul Său; căci Duhul cercetează totul, chiar şi lucrurile adânci ale lui Dumnezeu"*. Aşa cum este scris, Duhul Sfânt este unicul ce ştie şi percepe tot ce e în mintea lui Dumnezeu.

Prin urmare, cei care au primit Duhul adevărului, ascultă cuvântul adevărului şi îl urmează. Cu cât se măreşte mai mult împărăţia şi dreptatea lui Dumnezeu, cu atât mai mult se bucură. Ei sunt plini de viaţă, dorind să trăiască în împărăţia cerurilor.

Dar totuşi, unii doar participă la slujbele de la biserică fără nicio bucurie pentru că nu au credinţa ce o generează Dumnezeu. Ei încă aparţin lumii şi preferă lucrurile lumeşti precum banii şi distracţia. Deci, ei nu pot să trăiască în adevăr, să tânjească la împărăţia cerului sau să-L iubească pe Dumnezeu cu toată inima lor.

În cele din urmă, aceşti oameni îl vor părăsi pe Dumnezeu prin duhul rătăcirii pentru că ei aparţin lumii şi nu au Duhul adevărului. De asemenea, dacă cineva ponegreşte şi bârfeşte fraţii şi surorile de credinţă sau deranjează pe alţii din invidie în a fi credincioşi împărăţiei şi dreptăţii lui Dumnezeu, el nu este un Duh al adevărului.

Nu lăsa pe nimeni să te ducă spre rătăcire

1 Ioan 3:7 ne îndeamnă după cum urmează: *„Copilaşilor, nimeni să nu vă înşele! Cine practică dreptatea este drept, aşa cum El însuşi este drept"*. Nu trebuie să întorci spatele cuvântului lui Dumnezeu şi aşa nu vei fi amăgit de cunoştinţele neadevărate, pentru că nimic, ci doar cuvântul lui Dumnezeu te poate învăţa. Doar atunci, vei primi mântuirea completă, vei fi prosper în această lume, şi te vei bucura de viaţa veşnică în împărăţia cerurilor.

Totuşi, diavolul face toate eforturile pentru a împiedica copiii lui Dumnezeu să trăiască după Cuvânt, şi te face să accepţi compromisuri cu lumea, să te întorci de la Dumnezeu, să te îndoieşti de El, să I te opui. În 1 Petru 5:8 se spune, *„Fiţi treji şi vegheaţi, pentru că potrivnicul vostru, Diavolul, dă târcoale ca un leu care răcneşte şi caută pe cine să înghită"*.

Cum poate vrăjmaşul diavolul şi Satana să amăgească copiii lui Dumnezeu? Poţi să asemuieşti asta cu o femeie care e amăgită de un bărbat. Dacă o femeie se poartă cu demnitate, şi se comportă cu maniere bune, bărbatul nu poate îndrăzni să o amăgească. Altfel, bărbatul cu uşurinţă poate s-o amăgească pe cea care nu se comportă potrivit. Tot aşa, duşmanul diavolul şi Satana se vor apropia de cel care nu stă ferm în adevăr şi e îndoielnic de Dumnezeu. Diavolul amăgeşte acele persoane care se întorc de la Dumnezeu şi se opun Lui şi în final îi conduce pe calea ce duce spre moarte. Eva de asemenea a fost amăgită de diavol, pentru că a fost prinsă nepregătită strâmbând Cuvântul lui Dumnezeu.

Desigur, poţi avea procese chiar dacă nu eşti vinovat. Asta pentru că Dumnezeu voieşte să te binecuvânteze, e felul în care poţi să vezi procesul lui Daniel care a fost aruncat în cuşca leilor, sau procesul lui Avraam de sacrificare a propriului fiu ca ofrandă.

Atunci când înfrunţi procese sau dificultăţi pentru că nu stai ferm de partea adevărului, trebuie imediat să întorci spatele păcatelor cu căinţă, să te lepezi de toate tentaţiile şi încercările, cu cuvântul lui Dumnezeu, şi fă tot posibilul să stai ferm pe stânca credinţei.

Stai ferm în credinţă; nu te lăsa amăgit

În 1 Timotei 4:1-2, autorul scrie, *„ Dar Duhul spune lămurit că în timpurile din urmă unii se vor îndepărta de credinţă, dându-şi mintea unor duhuri înşelătoare şi unor învăţături ale demonilor, abătuţi de făţărnicia unor oameni care vorbesc minciuni, însemnaţi cu fierul roşu în însăşi conştiinţa lor. "*

Aceasta se referă la timpurile mai târzii în timpul cărora

anumiţi oameni care pretindeau că au credinţă vor întoarce spatele creinţei urmând duhurile amăgitoare şi lucrurile învăţate de la demoni.

Cei amăgiţi sunt ipocriţi chiar şi când faptele lor par a fi drepte şi credincioase. Ei se roagă înaintea altora, şi încearcă să fie credincioşi din cauza banilor, şi nu a slavei lui Dumnezeu. În cele din urmă, ei abandonează credinţa lor şi merg pe calea spre moarte pentru că conştiinţa lor este însemnată ca fierul roşu prin minciuni, trăind în afara adevărului şi răsfăţaţi de distracţia lumească.

Dumnezeu te avertizează strict prin Biblie să nu fii amăgit. Isus ne avertizează în Matei 7:15-16: *„Păziţi-vă de proroci mincinoşi, care vin la voi îmbrăcaţi în haine de oi, dar pe dinăuntru sunt lupi răpitori. Îi veţi recunoaşte după roadele lor. Culeg oamenii struguri din spini sau smochine din mărăcini?"*

Cuvintele şi faptele cuiva reflectă gândurile şi voia sa. Asta e, eşti capabil să recunoşti oamenii după rodul lor. Dacă cineva are rodul răului, precum ura, invidia şi gelozia în loc de rodul adevărului, bunătăţii şi dreptăţii, el este un fals proroc.

Mulţi proroci mincinoşi, anticristul, sunt deja prezenţi în această lume. De aceea, copiii lui Dumnezeu trebuie să aibă un sunet ce înţelege erezia, şi să distingă între duhul adevărului şi duhul neadevărului.

Duşmanul diavolul şi Satana niciodată nu scapă ocazia de a amăgi copiii lui Dumnezeu şi să-i facă să păcătuiască oricând sunt nesiguri de adevăr. Atunci când eşti ferm în credinţă şi o urmezi, nu vei fi niciodată amăgit de duhul neadevărului, ci îl vei înfrânge uşor dacă se apropie de tine.

Nu trebuie să admiţi sau să aderi la orice altă învăţătură, sau să fii amăgit de acele învăţături care sunt împotriva adevărului. În schimb, urmează cuvântul lui Dumnezeu şi urmează dorinţele Duhului Sfânt pentru ca tu să fii curajos şi fără pată la A Doua Venire a Domnului nostru Isus Hristos.

Isus ne spune că *„Omul bun scoate lucruri bune din comoara lui bună; dar omul rău scoate lucruri rele din comoara lui rea. Vă spun că în ziua judecăţii oamenii vor da socoteală de orice cuvânt nefolositor pe care-l vor fi rostit. Căci din cuvintele tale vei fi îndreptăţit şi din cuvintele tale vei fi condamnat"* (Matei 12:35-37).

Omul bun are o inimă bună şi nu poate face rău şi să rănească alte persoane, indiferent dacă fapta este sau nu în avantajul lui.

Totuşi, omul rău nu se poate bucura de adevăr. El face rău şi face ca şi alţii să facă paşi greşiţi din cauza invidiei şi geloziei sale. Chiar dacă spusele sale par a fi drepte şi juste, nu poţi spune că el e un om bun dacă el doreşte să spună ticăloşii altora sau să înstrăineze o persoană de cealaltă.

De aceea, mereu trebuie să te rogi şi să fii atent ca să nu fii amăgit. Trebuie să ştii să faci diferenţa dacă duhurile sunt sau nu adevărate şi niciodată să nu judeci pe alţii. Mai mult, trebuie să fii ferm în credinţa Trinităţii – Tatăl, Fiul şi Duhul, să crezi în Biblie pe de-a-ntregul şi să trăieşti după ea şi să o urmezi.

„Vino, Domnule, Isus!"

Autorul:
Dr. Jaerock Lee

Dr. Jaerock Lee s-a născut în anul 1943 în Muan, provincia Jeonnam din Republica Coreea. În jurul vârstei de douăzeci de ani, s-a îmbolnăvit de nenumărate boli incurabile din cauza cărora a suferit timp de şapte ani şi îşi aştepta moartea fără speranţa vindecării. Însă, într-o zi din primăvara anului 1974, condus fiind de sora sa la o biserică în care a îngenunchiat să se roage, Dumnezeul cel Viu l-a vindecat instantaneu de toate bolile.

Din momentul în care dr. Lee L-a întâlnit pe Dumnezeul cel Viu prin acea experienţă minunată, L a iubit din toată inima şi cu toată sinceritatea, iar în anul 1978 a fost chemat să fie un slujitor al lui Dumnezeu. S-a rugat stăruitor să înţeleagă voia lui Dumnezeu cu claritate, să o împlinească pe deplin şi să asculte de Cuvântul lui Dumnezeu. În anul 1982, a fondat Biserica Centrală Manmin în Seul, Coreea de Sud, biserică în care au avut loc nenumărate lucrări ale lui Dumnezeu, inclusiv vindecări miraculoase şi minuni.

În 1986, dr. Lee a fost ordinat ca pastor în cadrul întâlnirii anuale a bisericii „Jesus' Sungkyul Church of Korea", iar patru ani mai târziu, în 1990, predicile sale au început să fie transmise în Australia, Rusia, Filipine şi multe alte ţări de către Far East Broadcasting Company, Asia Broadcast Station şi Washington Christian Radio System.

Trei ani mai târziu, în 1993, Biserica Centrală Manmin a fost selecţionată printre „Primele 50 de biserici din lume" de către revista *Lumea creştină (Christian World)* din S.U.A., iar pastorul Jaerock Lee a primit din partea colegiului Christian Faith College, Florida, S.U.A. titlul de doctor onorific în teologie. În 1996 termină doctoratul în domeniul slujirii creştine la Kingsway Theological Seminary, statul Iowa, din S.U.A.

Începând din anul 1993, dr. Lee a preluat un loc de conducere în misiunea mondială prin nenumărate campanii de evanghelizare ţinute peste hotare, în Tanzania, Argentina, în S.U.A în oraşele: Los Angeles, Baltimore,

New York, în statul Hawaii, în Uganda, Japonia, Pakistan, Kenya, Filipine, Honduras, India, Rusia, Germania, Peru, Republica Democrată Congo și în Israel. În 2002 a fost numit un „pastor internațional" de către publicații creștine foarte cunoscute din Coreea pentru lucrarea sa din însemnate campanii unite de evanghelizare internaționale.

În februarie 2012, numărul membrilor Bisericii Centrale Manim era de peste 120.000. Biserica are 10.000 de filiale în țară și peste hotare iar, până în prezent, peste 129 de misionari au fost trimiși în 23 de țări, inclusiv S. U.A, Rusia, Germania, Canada, Japonia, China, Franța, India, Kenya și în multe alte țări.

Până la data publicării acestei cărți, dr. Lee a scris 64 de cărți, inclusiv cărțile de mare succes *Gustând Viața Înainte de Moarte, Viața Mea, Credința Mea - volumele I și II, Mesajul Crucii, Măsura Credinței, Cerul - volumele I și II, Iadul și Puterea lui Dumnezeu*. Scrierile sale au fost traduse în peste 72 de limbi.

Articolele sale creștine apar în publicațiile *Hankook Ilbo, JoongAng Daily, Dong-A Ilbo, Munhwa Ilbo, Seoul Shinmun, Kyunghyang Shinmun, Hankyoreh Shinmun, Korea Economic Daily, Korea Herald, Shisa News și Christian Press*.

Dr. Lee este actualmente lider al multor organizații și asociații misionare, printre care Președinte Consiliul de Administrație, Biserica Unită a Sfințeniei din Isus Hristos, Președinte, Misiunea Mondială Manmin, Fondator & Președinte Consiliu de Administrație, Rețeaua Globală Creștină (GCN), Fondator & Președinte Consiliu de Administrație, Rețeaua Mondială a Doctorilor Creștini (WCDN) și Fondator & Președinte Consiliu de Administrație, Seminarul Internațional Manmin (MIS).

Cerul I & II

O schemă detaliată a superbului ambient de locuit de care cetăţenii cerurilor se bucură în mijlocul slavei lui Dumnezeu, şi descrierea întregului rai ce este alcătuit din cinci nivele de împărăţii cereşti.

Viaţa Mea, Credinţa Mea I & II

O aromă foarte duhovnicească extrasă din viaţa care a înmugurit cu o iubire nemărginită pentru Dumnezeu, în mijlocul valurilor negre şi a celei mai mari disperări.

Gustând Viaţa Înainte de Moarte

Memoriile Reverendului Dr. Jaerock Lee, care a renăscut şi a fost mântuit din valea morţii şi care, de atunci, duce o viaţă de creştin exemplară.

Măsura Credinţei

Tipurile de locaşuri, de cununi şi de recompense care vă aşteaptă în împărăţia cerurilor. Această carte vă oferă înţelepciune şi îndrumare pentru a vă măsura credinţa şi pentru a vă cultiva cea mai bună şi cea mai matură credinţă.

Iadul

Un mesaj important către toată omenirea din partea lui Dumnezeu, care nu doreşte să vadă nici măcar un suflet căzut în adâncurile iadului! Veţi descoperi povestea care nu a mai fost spusă niciodată, cea a crudei realităţi despre Hades şi iad.